航线设计

主　编　郑建佳　李振中
主　审　刘加钊

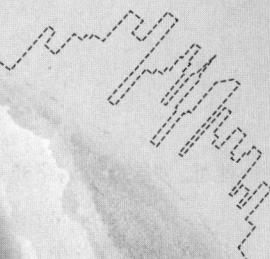

大连海事大学出版社
DALIAN MARITIME UNIVERSITY PRESS

ⓒ 郑建佳　李振中　**2024**

图书在版编目(CIP)数据

航线设计／郑建佳,李振中主编. — 大连 ：大连
海事大学出版社, 2024.4
ISBN 978-7-5632-4544-4

Ⅰ. ①航… Ⅱ. ①郑… ②李… Ⅲ. ①航海航线—设
计 Ⅳ. ①U697.3

中国国家版本馆 CIP 数据核字(2024)第 070552 号

大连海事大学出版社出版

地址:大连市黄浦路523号　邮编:116026　电话:0411-84729665(营销部)　84729480(总编室)

http://press.dlmu.edu.cn　E-mail:dmupress@dlmu.edu.cn

大连金华光彩色印刷有限公司印装　　　　**大连海事大学出版社发行**

2024 年 4 月第 1 版　　　　　　　　　　2024 年 4 月第 1 次印刷

幅面尺寸:184 mm×260 mm　　　　　　　　　印张:10.75

字数:251 千　　　　　　　　　　　　　　印数:1~1500 册

出版人:刘明凯

责任编辑:张　华　　　　　　　　　　　　责任校对:孙笑鸣

封面设计:张爱妮　　　　　　　　　　　　版式设计:张爱妮

ISBN 978-7-5632-4544-4　　　定价:30.00 元

前 言 ▶▶▶

党的二十大报告做出"发展海洋经济，保护海洋生态环境，加快建设海洋强国"的战略部署。航运业是国际贸易发展的重要保障，也是世界各国人民友好往来的重要纽带。发展海洋经济，离不开航运业的发展，为船舶提供安全、经济的航线是航运的重要保障。

航线设计是海船驾驶员应具备的基本技能，也是 STCW 公约及我国海事局对船舶驾驶员适任的基本要求。为满足培训需要，本书参考了相关国际公约规范、海事局培训大纲，满足中华人民共和国海事局《海船船员考试大纲（2022 版）》的要求，针对性和适用性较强。本书主要适用于高校在校学生和其他航海人员参加中华人民共和国海事局"航线设计"评估考试的培训和自学，可供高等航海技术专业职业院校教育、教学使用，也可作为航海技术人员的参考书。

本书由青岛远洋船员职业学院郑建佳、李振中主编，青岛远洋船员职业学院刘加钊主审。全书分为五章，其中，第一章、第二章、第三章由李振中编写；第四章、第五章由郑建佳编写。全书由郑建佳统稿。为力求教学内容与航海实际相符，特别邀请了中远海运能源运输股份有限公司船长凌波、宁波引航站一级引航员乔正立参与本书的编写。本书在编写过程中得到了青岛远洋船员职业学院航海教研团队全体老师的大力支持和帮助，在此表示衷心感谢。

由于编写时间仓促，加上编者水平有限，错漏在所难免，恳请读者批评指正。

编者
2024 年 1 月

目 录 ▶▶▶

第一章

作图工具的使用

要提高海图作业的精度和速度,就必须正确、熟练地掌握海图作业工具的使用方法。海图作业的工具包括航海三角板、航海平行尺、直尺、分规、圆规等。本章主要介绍航海平行尺、航海三角板以及分规的使用方法。

第一节 航海平行尺和航海三角板的使用

一、航海平行尺的使用

(一)航海平行尺的结构

航海平行尺是一种重要的作图工具。使用其本身的刻度或者参照海图上的罗经花,可以方便地量取方位和平移。如图 1-1-1 所示,航海平行尺由两条长 46 cm,宽 3.5 cm 的有机玻璃板和两个连接臂构成。连接臂的两端通过铰链分别与两直尺连接,两直尺可在连接臂的限制下平行移动。

两直尺上均刻有刻度,Ⅰ尺是以象限法表示的方向读数,分别从两端的 0° 到中央的 90°,每一小格为 1°,以Ⅱ尺的"S"刻度线与外边沿的交点为圆心分布。Ⅱ尺是以罗经点法表示的方向读数,分别从两端的 0 罗经点到中央的 8 罗经点,每一小格为 1/4 罗经点,以Ⅰ尺的 90° 刻度线与外边沿的交点为圆心分布。

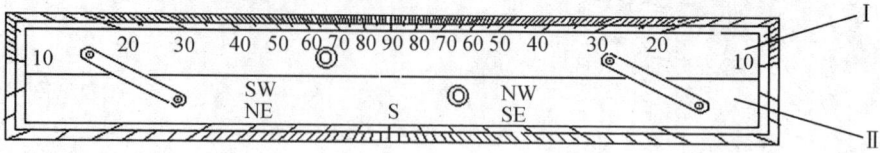

图 1-1-1　航海平行尺

（二）使用航海平行尺量取方位

1.使用平行尺参照罗经花量取方位

（1）使平行尺其中的一直尺的外边与要测量的方位线相切,并用一只手用力按紧。

（2）将平行尺平行移向罗经花,使平行尺其中一直尺的外沿与罗经花的中心重合。

①平行尺的移动

a.“螃蟹式”移动

固定Ⅱ尺,向上推动Ⅰ尺使其离开Ⅱ尺最大,如图 1-1-2 所示;然后固定Ⅰ尺,向上推动Ⅱ尺使其与Ⅰ尺靠拢。如此反复,便将航海平行尺平移向右前方。反之,便将平行尺平移向左下方。每次推(或拉)两尺时,连接臂与两尺的角度,决定线段前进(或后退)的轨迹方向。当每次推(或拉)两尺时连接臂与两尺的角度小于 90°,线段前进的轨迹方向小于 45°(或后退的轨迹方向大于 225°小于 270°);当每次推(或拉)两尺时连接臂与两尺的角度大于 90°,线段前进的轨迹方向大于 45°小于 90°(或后退的轨迹方向大于 180°小于 225°)。

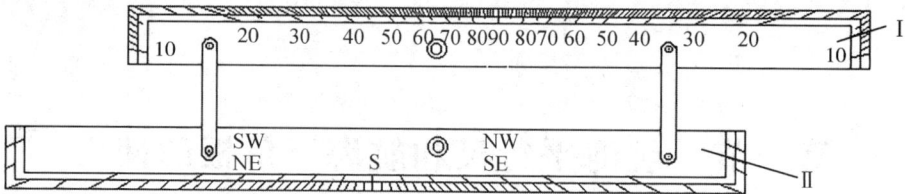

图 1-1-2　“螃蟹式”移动

b.“步行式”移动

固定Ⅰ尺,向右推动Ⅱ尺,使其与Ⅰ尺相切并左右错开,如图 1-1-3 所示;然后固定Ⅱ尺,拉动Ⅰ尺,使其与Ⅱ尺平齐相切。如此反复,平行尺便被平移向 90°方向。反之,平行尺便被平移向 270°方向。

图 1-1-3　“步行式”移动

c.“混合式”移动

通过“螃蟹式”移动和“步行式”移动相结合,可以将线段平行地移向任何位置。

值得注意的是,在固定一直尺移动另一直尺过程中,固定尺不得有任何的位移。任何一次固定尺的位移,均将造成移动线段全过程的失败,需认真操作。

②平移的技巧

a.平行尺要平放在海图上,海图下面不得放置铅笔、橡皮等其他物品。

b.固定直尺的手要用力压紧,移动另一直尺的手要用力适当。

c.移动过程中要保持始终有一只手在用力固定其中的一直尺。固定的直尺在固定过程中不能产生任何移动;否则,平行移动作业失败,需要从头再来。

③罗经花

罗经花是位于海图适当位置、标有方向度数的圆圈。从真北起始,按顺时针方向标注一圈,最小标注刻度为1°。航海上可利用其量取方向和绘画方位线,如图1-1-4所示。

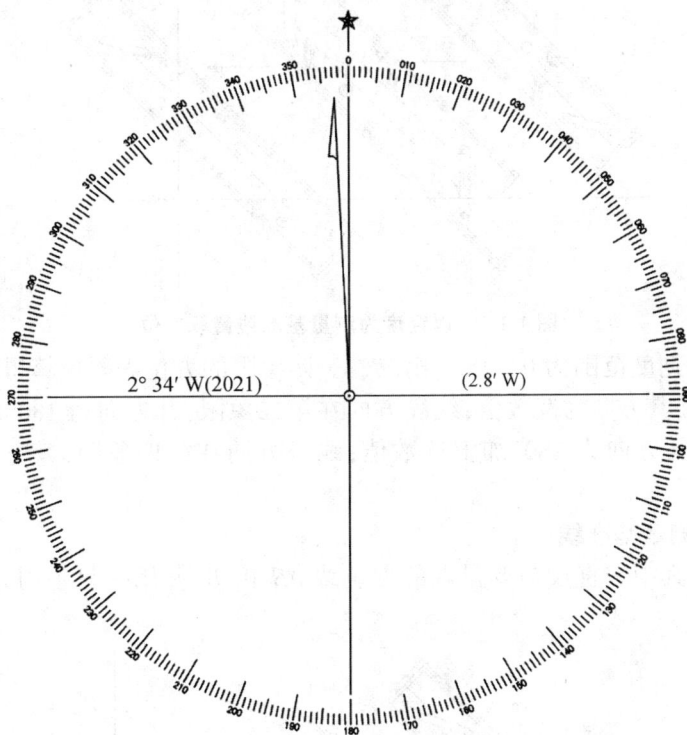

2° 34′ W(2021)　　　　　(2.8′ W)

图 1-1-4　罗经花

(3)读取罗经花上的读数,即为要量取的方位。

平行尺与罗经花中心重合后,在罗经花上对应有两个相差180°的数值。此时,要根据方位线的方向,选择其中一个正确的数据。

2.使用平行尺本身刻度量取方位

使用平行尺本身刻度量取方位有两种方式,一种是以经线为测量基准线,另一种是以纬线为测量基准线。

（1）以经线为测量基准线

①使平行尺的其中一直尺与要量取的方位线 AB 相切，并用一只手用力按紧，如图 1-1-5 所示。

②平行移动平行尺，直至平行尺"S"刻度线与平行尺外沿的交点和要量取方位线附近的经线重合为止。

③读取平行尺上过该经线的数值 50°。要量取的方位位于第一象限，所以 AB 的方向为 050°。

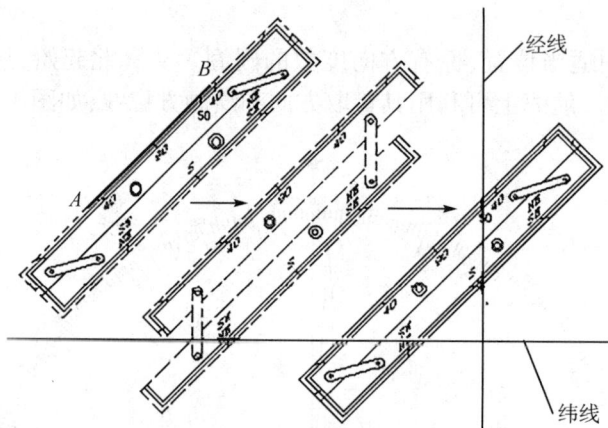

图 1-1-5　以经度为测量基准线量取方位

由于平行尺的刻度范围为 0°~90°，第二、三、四象限的方位需要换算得出。也就是说，线段方向在第一象限，其方向为读数值；线段方向在第二象限，其方向为 180° 减去读数值；线段方向在第三象限，其方向为 180° 加上读数值；线段方向在第四象限，其方向为 360° 减去读数值。

（2）以纬线为测量基准线

①使平行尺的其中一直尺与要量取的方位线 AB 相切，并用一只手用力按紧，如图 1-1-6 所示。

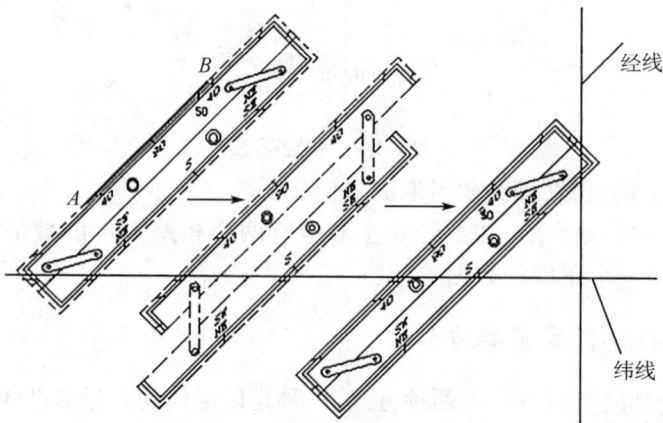

图 1-1-6　以纬线为测量基准线量取方位

②平行移动平行尺,直至平行尺"S"刻度线与直尺外沿的交点和要量取方位附近的纬线重合为止。

③读取平行尺上过该纬线的数值 50°。要量取的方位位于第一象限,所以 *AB* 的方向为 050°。

以纬线为测量基准线与以经线为测量基准线在读取数值的换算方法上完全相同,即:线段方向在第一象限,其方向为读数值;线段方向在第二象限,其方向为 180°减去读数值;线段方向在第三象限,其方向为 180°加上读数值;线段方向在第四象限,其方向为 360°减去读数值。

二、航海三角板的使用

用两个航海三角板配合使用,可以替代航海平行尺,在海图上方便地量取方位和平移。

(一)航海三角板的结构

航海三角板是由有机玻璃制成的等腰直角三角板。其斜边长度为 35 cm,从斜边的中心向两边各刻有 0~8 cm 的刻度线。三角板的中央刻有量角器。量角器的直径与三角板的斜边重合。

量角器分别用圆周法和罗经点法刻有刻度,每个三角板上附有把手,如图 1-1-7 所示。

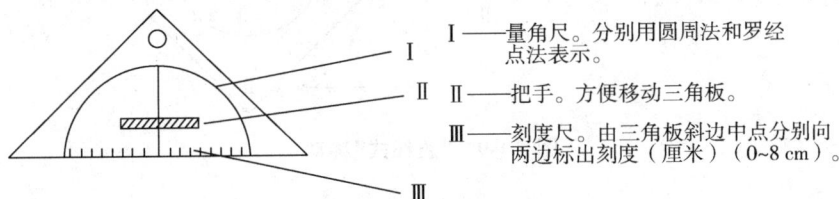

Ⅰ——量角尺。分别用圆周法和罗经点法表示。

Ⅱ——把手。方便移动三角板。

Ⅲ——刻度尺。由三角板斜边中点分别向两边标出刻度(厘米)(0~8 cm)。

图 1-1-7 航海三角板

(二)使用航海三角板参照罗经花量取方位

(1)使其中的一只三角板Ⅰ的斜边与要量取的方位线重合,并用一只手用力按紧。

(2)平行移动三角板Ⅰ,使其斜边与罗经花的中心重合。

使另一只三角板Ⅱ的斜边与三角板Ⅰ的一个直角边靠紧,用力固定。沿三角板Ⅱ平移三角板Ⅰ,使三角板Ⅰ的斜边与罗经花的中心重合,并用一只手用力按紧三角板Ⅰ。

①三角板的移动

a."直角式"移动

使三角板Ⅰ的斜边与三角板Ⅱ的一直角边靠紧,推动三角板Ⅱ可使三角板Ⅱ的斜边保持平行移动,并使三角板Ⅱ的斜边到达要求的位置。若仍未到达要求的位置,可移动三角板Ⅰ使其与三角板Ⅱ的另一直角边靠紧,再移动三角板Ⅱ直至到达要求的位置,如图 1-1-8 所示。

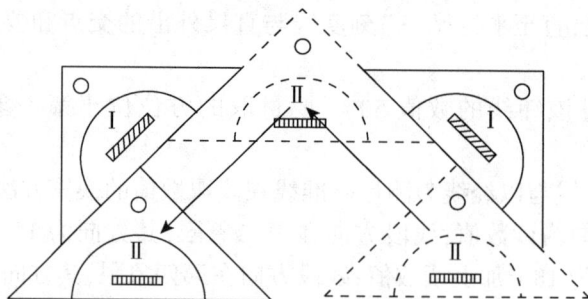

图 1-1-8 "直角式"移动

b."直线式"移动

使两三角板的斜边靠紧,交替移动两三角板,直至到达要求的位置,如图 1-1-9 所示。值得注意的是,三角板由移动板变成固定板时,一定要与固定板的一边靠紧后方能移动的另一三角板。

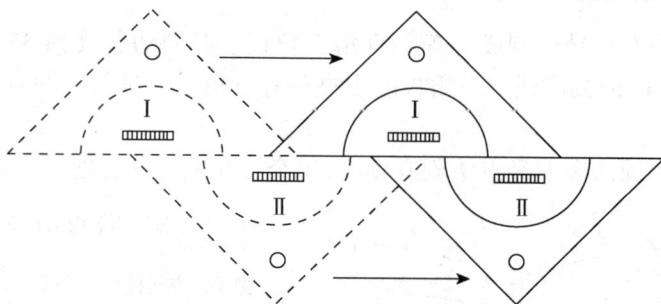

图 1-1-9 "直线式"移动

②平移的技巧

a.三角板要平放在海图上,海图下面不得放置铅笔、橡皮等其他物品。

b.固定三角板的手要用力压紧,另一三角板在贴近固定的三角板移动时要用力适当,切不可挪动固定三角板。

c.固定三角板和移动三角板在相互交替前要确实靠紧。固定尺在固定过程中不能再产生任何移动;否则,平行移动作业失败,需要从头再来。

(3)三角板斜边 I 所示的罗经花读数,即是要量取的线段的方位。

读取读数时,要根据线段的箭头方向,从斜边所示的两个读数中,选取其中一个正确的读数。

（三）使用航海三角板本身刻度量取方位

(1)使其中的一只三角板 I 的斜边与要量取的方位线重合(三角板位于线段的下方),并用一只手用力按紧。

(2)平行移动三角板 I,使其斜边的中心点(垂线交点)与附近的经线重合。

用另一只三角板 II 的斜边与三角板 I 的一个直角边靠紧,用力固定三角板 II。沿三角板 II 平移三角板 I,将三角板 I 的斜边的中心点(垂线交点)与附近的经线重合。

（3）读取经线在三角板Ⅰ量角器上所示的读数，即是要量取的线段的方位。

量取的方位在第一、第二象限时，读取三角板量角器外圈的黑色数字；量取的方位在第三、第四象限时，读取三角板量角器内圈的红色数字。读取罗经点的方法与读取象限法的方法一致。

使用航海三角板量取方位时产生读数误差的主要原因有：

（1）三角板的斜边与要量取的线段没能完全重合。

（2）三角板在平移过程中固定的三角板没有有效固定。

（3）固定的三角板与移动的三角板在转换时没有有效靠紧。

（4）三角板的斜边没有与罗经花的中心准确相交或者三角板的斜边中心没有与经线准确重合。

（5）读取读数时产生粗差。

要缩小量取的读数误差，必须正确熟练地掌握三角板的平移方法，勤练、多练、熟能生巧。

第二节　在海图上绘画方向线和量取距离

一、平行尺绘画方位线

（一）利用平行尺本身刻度绘画方位线

（1）在观测的物标的周围选取一条经线，使平行尺"S"刻度线与平行尺外沿的交点和所选取的经线相交。

使用三角板或平行尺量方位时，通常是以经线（真北线）为基准线。首先使三角板的"0"刻度点或平行尺的"S"刻度点与经线相交；然后以此点为中心，转动三角板或平行尺，直至要量的刻度线与"0"或"S"刻度点和经线重合。但是，在要量取的方位或航向与经线交角较小的情况下，为了减少量取过程中的误差，应改用以纬度线为基准线，但要注意向位的换算。

（2）以交点为中心，转动平行尺，使经线与平行尺上的已知方位线重合，平行移动平行尺，使平行尺的外沿与所测的物标相交，沿平行尺的外沿划线，即是测得物标的方位线。

值得注意的是，当经线与平行尺的方位刻度重合时，在第一象限，平行尺的方位刻度等于测得的方位数；在第二象限，平行尺方位刻度等于测得方位数减去180°；在第三象限，平行尺方位刻度等于180°减去测得方位数；在第四象限，平行线方位刻度等于360°减去测得方位数。同时，平行尺的外沿与物标重合时，要考虑用铅笔划线时的误差。

（二）利用平行尺和罗经花绘画方位线

（1）选取距离观测物标较近的罗经花,用平行尺在罗经花上量取观测方位。

（2）平行移动平行尺与物标相切。

（3）沿平行尺与物标相切的边做直线,得到的就是观测物标的方位线。

值得注意的是,绘画方位线时的方向,切勿画成反方向;平行尺的外沿与物标重合时,要考虑用铅笔划线时的误差。

二、用航海三角板绘画方位线

用航海三角板绘画方位线的方法,分为利用三角板本身刻度直接绘画方位线和利用三角板与罗经花配合绘画方位两种方法。

（一）利用三角板本身刻度法

以绘画过 M 点的045°方位线为例,利用航海三角板绘画方位线步骤如下:

（1）在物标 M 附近选取一条经线,使三角板的斜边中心和045°刻度线与经线重合,如图1-2-1所示。

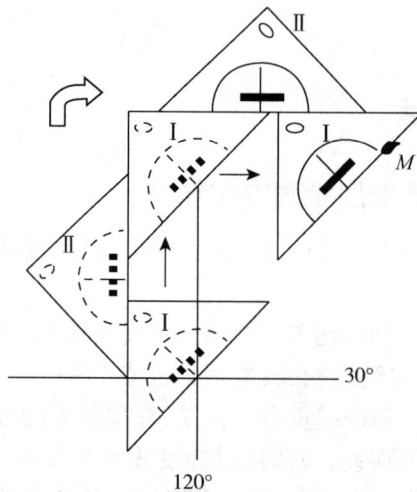

图 1-2-1　利用三角板绘画方位线

（2）平移三角板,使三角板的斜边与物标 M 相交。

（3）以 M 点为起点沿三角板的斜边向左下方划线即是物标 M 的045°方位线。

注意:在绘画000°~180°方位线时,要看三角板外圈的黑色数字,并以观测物标为起点沿三角板的斜边向右下方或左下方划线。在绘画180°~360°方位线时,要看三角板内圈数字,并以观测物标为起点沿三角板的斜边向右上方或左上方划线。

（二）利用三角板和罗经花配合绘画方位线

（1）选取靠近物标 M 的一个罗经花,使三角板的斜边与罗经花的中心和045°刻度线重合。

（2）平移三角板,使三角板的斜边与物标 M 相交。

（3）沿斜边画线即是物标 M 的045°方位线,使用航海三角板绘画方位线的误差要小于0.5°。

三、在海图量取距离

（一）量取距离的作图工具

量取距离或航程所使用的主要工具是分规或圆规。分规主要是由两只长"腿"组成。两只长"腿"在分规的顶端通过一个铰链连接,可自由地分开或合并。张角180°时的最大跨距约36 cm。每只长"腿"的另一端,装有尖针,尖针可卸下更换。圆规与分规的结构基本相同,不同之处在于,圆规的一只"腿"装有尖针,另一只"腿"可装铅笔或"鸭嘴"笔尖,装卸比分规更为简便。而且圆规的其中一只"腿"可以弯曲,改变半径。圆规可以代替分规使用,但在量取距离或航程时精度低于分规,如图 1-2-2 所示。

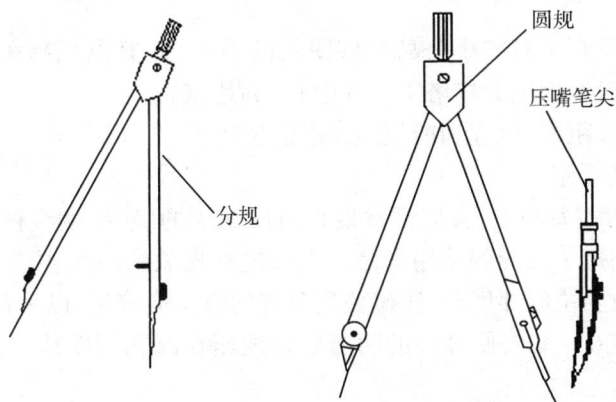

图 1-2-2 分规和圆规

（二）在海图上量取距离

以在海图上量取小公岛灯塔到朝连岛灯塔的距离为例,量取距离按以下步骤进行:

1.选择合适的比例尺中版海图 12300

海图比例尺的大小决定了作图精度。正常人的眼睛只能清楚地分辨出图上大于 0.1 mm 的两点间的距离。在海图制图工作中,画线的绘画误差一般也不超过 0.1 mm。因此,实地水平长度按比例尺缩绘到图上时,不可避免地有 0.1 mm 的误差。这种相当于海图上 0.1 mm 的实地水平长度,叫作比例尺的精度,或叫海图的极限精度。所以每一种海图按比例尺的不同都有自己的极限精度,如表 1-2-1 所示。

表 1-2-1　各种比例尺海图的极限精度

海图比例尺	极限精度
<1∶3 000 000	>300 m
1∶1 000 000~1∶2 990 000	100~299 m
1∶200 000~1∶990 000	20~99 m
1∶100 000~1∶190 000	10~19 m
1∶20 000~1∶90 000	2~9 m
>1∶20 000	<2 m

海图作业的最高精度也是与海图比例尺有关的。如果用削尖的铅笔在图上画一小点,其直径最小也有 0.2 mm。这就是海图作业时能够分辨和量出的最小距离。所以,在数值上,海图作业的最高精度等于海图极限精度的 2 倍。

因此,在进行海图作业时,应根据航区的特点,尽可能应用较大比例尺的海图,以便能够获得更多的航海资料和提高海图作业的精度。

2.用分规量取两灯塔之间的图上距离

用分规的其中的一只脚尖对准小公岛灯塔图式的中心(起算点),调整分规两脚的跨度,使分规的另一脚尖正好对准朝连岛灯塔图式的中心(到达点)。

使用分规或圆规量取距离、航程和船位经纬度的技巧:

(1)注意把持分规的手形。

(2)在许多经常使用的海图上,人们常常发现海图四周的经、纬度线被戳成"蜂窝",严重影响海图的正常使用,缩短了海图的使用寿命。造成这种现象的原因主要是使用分规方法不当。在量取距离、航程或船位经纬度时,正确使用分规的方法应该是:以手背的下沿为支点,使分规的两脚与海图约成 30°~40°,使分规的两脚轻轻地压在海图刻度线上,避免用力过大,使分规两脚扎入海图。

3.用直线比例尺计算两灯塔之间的实际距离

保持分规两脚尖间距离不变,在教学海图左侧(或右侧)边缘的朝连岛和小公岛所处附近的纬度上,使分规的一脚尖对准 35°50′N,则另一角尖指在 36°05′.44N,分规两脚尖所跨越的纬差就是两灯塔之间的距离,即两灯塔之间距离 15.44 n mile。

(1)量取折线距离或长航程

①量取折线距离

船舶在航行时不可能一个航向走到底,特别在避碰机动或岛礁区航行时,短时间内会有几次转向。这样就形成了折线式航迹。在度量折线式航程的图上距离时要尽量减少度量次数,以提高量取精度,减少工作麻烦。具体方法如下:

量出 AB 的长度保持分规的张角不变,以 B 点为圆心转动分规使分规的另一端落在 CB 的延长线上,即 *A'* 点。然后以 *C* 点为圆心以 *CA'* 为半径,使分规的另一端落在 *DC* 的延长线上,即 *A"* 点。以 *A"* 点为定点,扩大分规的张角到 *D* 点,保持张角不变,在 *A* 点与 *D* 点的平均纬度附近的经线比例尺上,量得的航程即是 *AD* 间的折线航程,如图1-2-3所示。当然也可以分别量取 *AB*、*BC*、*CD* 的分段航程,然后进行相加得到折线航程,但误差较大。

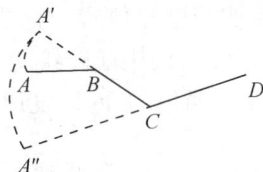

图1-2-3　量取折线距离

②量取长航程

当航程较长或量取总航程时,通常一次量不完,需分段量取。方法如下:

在每段航程或每张海图的平均纬度附近,用分规取一个"参照"度量单位,如以10 n mile或20 n mile作为一个"参照"度量单位(具体按海图比例尺的大小确定)。然后,以"参照"度量单位去度量航程,最后以"参照"度量单位的实际海里数乘以度量的次数即是要量取的航程总数。如果被量航程不是"参照"度量单位的倍数,那么,最后航程的余数需要用分规单独量取。注意最后余数航程的海里数字需在整个航程的平均纬度处量取。

(2)量取距离和航程时的注意事项

①要在实际用于航行和定位的海图上量取,海图比例尺越小,产生的误差越大。在用于航线设计的总图上量取的航程只能作为参考航程。在大圆海图上不能量取航程。

②量取航程或距离时,分规或圆规的张角不同,对所量航程或距离产生的误差也不同。从单纯误差理论分析的角度,分规或圆规的张角应在30°~150°之间,最好为90°。但是如果再考虑到操作的方便性,分规或圆规的张角最好是60°~120°。

③墨卡托海图由于存在纬度渐长率,因此在读取分规或圆规跨距或确定"参照"度量单位的海里数时一定要在航程(或距离)的平均纬度附近。量取长航程时的余数也应在全部航程的平均纬度处量取。

④使用圆规量取距离或航程时,要尽量准确估计铅笔头的直径。

第三节　在海图上量取和标绘船位

航海上船舶与物标的位置通常是以地理经度(Geographic Longitude)与地理纬度(Geographic Latitude)来确定的。地理经度简称经度(Longitude),地理纬度简称纬度(Latitude)。一组经度与纬度就可以标示一个船位。经度与纬度的度量单位为度、分、秒。

由于在海图上不方便直接量出秒单位,因此航海上在表示船位时一般只用到度、分两个度量单位,秒被直接换算成零点几分。这种方法有利于船位标绘。

一、量取已知船位的经、纬度

在航海上我们经常是通过观测船舶与已知位置陆标之间的某些关系,或者通过航迹推算的方法首先在海图上画出船舶的位置,然后使用航海绘图工具量取船位的经、纬度。

如图 1-3-1 所示,以量取海图上 B 点船位的经、纬度值为例,量取某点经、纬度可按以下步骤进行:

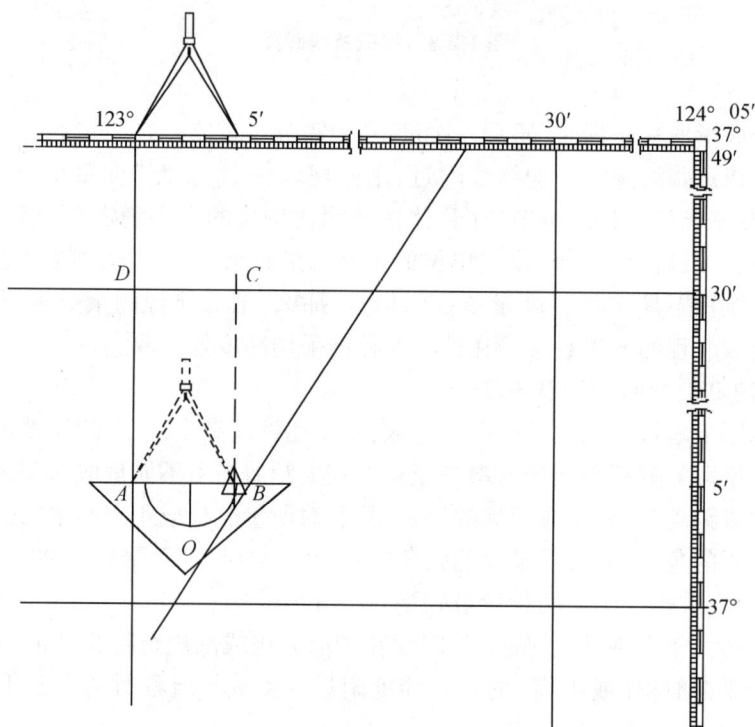

图 1-3-1　量取已知船位经、纬度

(一)量取 B 点船位的经度

(1)选择 B 点船位附近的 123°E 经线,用航海三角板或平行尺过 B 点船位作纬线的平行线 AB,与经线 123°E 相交 A 点。

(2)在海图上方或下方的经度线上,以 123°E 经线为起点,用分规截取长度为 AB 的线段,分规的另一脚所对应的度数就是所求船位的经度(123°04′.0E)。

(二)量取 B 点船位的纬度

(1)选择 B 点船位附近的 37°30′.0N 纬线,用航海三角板或平行尺过 B 点船位作经线的平行线 BC,与纬线交 C 点。

（2）在海图左面或下面的纬度线上，以37°30′.0N纬线为起点，用分规截取长度为*CB*的线段，分规的另一脚所对应的度数就是所求船位的纬度（37°05′.0N）。

如果船位距离海图的经度刻度线较近，可以使三角板的斜边或平行尺的一边与经度线平行的同时与船位点相交。那么，斜边与经度刻度线相交的一点就是船位的经度。同理，与纬度线平行，斜边与纬度线的交点就是船位的纬度。由于平行尺的长度较长，因此用平行尺直接量取船位的经纬度比较方便。量取的误差要小于纬度或经度最小刻度的一半。

二、已知经、纬度标绘船位

使用GPS或其他无线电定位仪器进行定位时，可以直接从定位仪器上读取船位的经、纬度。要了解某船舶航行状况、周围的航行环境，需根据定位仪器所显示的经纬度，将船位准确地标绘在海图上；海图改正作业时，也需要根据给定的经纬度，将物标位置准确地在海图上标注。

以标绘GPS船位φ37°29′.0N，123°07′.0E为例，根据已知经、纬度标绘船位，可按以下步骤进行：

（1）选择纬线37°30′.0N和经线123°E为参考线，如图1-3-2所示。

（2）从两参考线的交点起在纬线参考线上，截取一点*A*，使*A*点经度为船位经度λ=123°07′.0E。

（3）过*A*点作经线的平行线，在平行线上截取*AB*，使*B*点的纬度为船位纬度φ=37°29′.0N。那么*B*点就是要标绘的GPS船位，如图1-3-2所示。

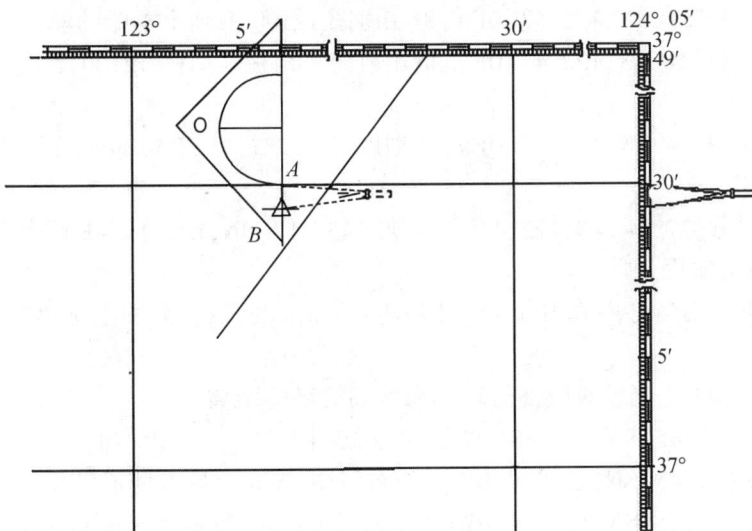

图1-3-2　标绘船位

如果船位距离海图的经线（或纬线）刻度线较近，可以用三角板（或平行尺），直接通过船位的经度点（或纬度点）作经线（或纬线）的平行线，则经线与纬线平行线的交点就是船位。值得注意的是，量取的误差要小于纬度或经度比例尺最小刻度的一半。

13

平时海图作业工具的摆放,要以取用方便、快捷,不影响看图为原则。由于海图作业中会经常使用航海三角板、分规、圆规、铅笔和橡皮,因此上述五种作图工具常放在一起。两三角板直角向上重叠放置在海图右上偏下的位置上,分规、圆规、铅笔和橡皮放在两三角板的把手夹缝中,平行尺和需要的表册放在海图的左上方。需要注意的是在做完海图作业后,一定要养成集中摆放作图工具的习惯,使用完各种表册后要放回原位,且不可不加整理随便摆放,以免给下次海图作业或他人的工作造成不便。

思考与练习

1.简述航海平行尺、航海三角板和分规的使用方法。

2.简述利用航海平行尺、航海三角板在海图上量取方位的方法。

3.简述使用航海平行尺、航海三角板在海图上绘画方位线的方法。

4.简述正确地在海图上量取航程的方法。

5.如何正确地在海图上量取已知船位的经纬度?

6.如何根据经纬度正确地在海图上标出船位?

7.本船位于(37°24′.4N,122°47′.0E),请在海图 12100 上画出本船的船位。

8.本船位于(37°24′.4N,122°47′.0E),请用航海三角板在海图 12100 上量取成山角灯塔此时的真方位。

9.本船位于(37°24′.4N,122°47′.0E),计划以 $CA182°$ 行驶 20 n mile,在海图上作出到达点位置。

10.本船计划由(37°24′.4N,122°47′.0E)驶向(37°17′.8N,122°46′.4E),请在海图上画出该航线并量出航向与航程。

11.本船测得成山角灯塔真方位 289°,距离 4.1 n mile,请在海图上标出本船位置,并量出其经、纬度。

12.在海图 10011 上测量鸡鸣岛灯塔到海驴岛灯塔的距离。

13.本船位于(37°45′.8N,122°38′.0W),请在海图 12100 上画出本船的船位。

14.本船位于(37°45′.8N,122°38′.0W),请在海图 2530 上量取博尼塔角灯塔的方位、距离。

15.本船位于(37°45′.8N,122°38′.0W),计划以 $CA074°$ 行驶 3.5 n mile,在海图 2530 画出到达点位置,并量取其经、纬度。

16.本船由(37°45′.8N,122°38′.0W)航行至(37°47′.2N,122°33′.3W),请量取两点间的航向和航程。

第二章

海图及航海图书资料的改正

　　航海图书资料是船舶为保证航行安全必须配备的。《SOLAS 公约》规定,所有船舶都应配备合适的、改正到最近期的海图、航路指南、灯标表、航海通告、潮汐表和其他必要的出版物。海图及航海图书资料出版发行后,其描述的海区的事物总在不断变化,为了能表明变化了的情况,必须及时对它们进行改正。

第一节　　海图识读

　　航用海图上除绘有经、纬线图网外,还须将重要的航行物标和主要地貌、地物以及海区内航行碍航物、助航标志、港湾设施和潮流海流要素等航海资料按其各自的地理坐标,用一定的符号和缩写绘画到图网上去,再经过制版和印刷而成为海图。这种绘制海图的符号和缩写叫作海图图式。我国出版的海图是根据《中国航海图编绘规范》(GB 12320—2022)绘制的,英版海图是根据英版海图 5011“英版海图符号与缩写(Symbols and Abbreviations Used on Admiralty Charts)”绘制的。为了正确、熟练地使用海图,充分利用海图上的航海资料,必须了解和熟悉各种海图图式的含义,以及图上的图注和说明。

一、海图基准面和底质

　　海图基准面(Chart Datum)包括海图的高程基准面和深度基准面。

15

（一）高程基准面及高程

我国海图上标注的山头、岛屿及明礁等的高程起算面称为高程基准面（Height Datum）。它是采用"1985年国家高程基准面"，但因资料关系，也有采用当地平均海面作为起算面的。例如，我国的台湾、舟山群岛及远离大陆的岛屿，就是采用当地平均海面作为高程基准面的。

海图陆上所标数字，以及水上带有括号的数字，都是表示该数字附近物标的高程（Elevation）。物标高程是由高程基准面至物标顶端的海拔高度，高度大于10 m者精确到1 m；高度小于10 m者精确到0.1 m。

除高程点一般是用黑色圆点来表示并在其附近明确标有高程外，其他各点的高程是用等高线来描绘的。等高线是相等高程的各点在平均海面上的垂直投影点的连线。其中，用细的实线绘出的是基本等高线；每隔四条基本等高线画一加粗等高线。等高线上的数字是该等高线的高程。凡用虚线描绘的等高线是草绘曲线，表示并未经精确测量过。没有高程的等高线是山形线，它仅仅表示山体形态的曲线，在同一条曲线上不一定等高和封闭。

等高线可以用来辨认山形。在海上从不同方向上和不同距离上观看山形是不同的。怎样利用等高线和对景图来辨认山形，对航海人员来说是一项基本功，需要通过反复实践、进行认真学习和不断总结经验才能熟练掌握。

除此之外，灯塔（灯桩）的灯高（Elevation of Light）是由灯芯算至平均大潮高潮面的高度。灯高的单位是米。高度大于10 m者精确到1 m；高度小于10 m者精确到0.1 m。干出高度（Drying Height）是由海图深度基准面起算的、在大潮高潮面之下的物标高度。比高系物标本身的高度，是自地物、地貌基部地面至物标顶部的高度，一般在物标旁括号内注有"⌒"的数字。如塔高是指塔底地面至塔顶的高度，注意不要与高程相混淆。

架空电线（管道）净空高度（Height Clearance）是自平均大潮高潮面或江河高水位至管线下垂最低点的垂直距离。桥梁净空高度是自平均大潮高潮面或江河高水位（设计最高通航水位）至桥下净空宽度中下梁最低点的垂直距离。净空高度的单位也是米。高度大于10 m者精确到1 m；高度小于10 m者精确到0.1 m。

英版海图上的高程基准面采用平均大潮高潮面（以半日潮为主的海区）或平均高高潮面（以日潮为主的海区），无潮汐海区则以当地平均海面作为高程起算面。英版海图上所标注的灯塔（灯桩）高度，干出礁的干出高度和比高的基准面都与我国的相同。净空高度是由平均大潮高潮面、平均高高潮面或平均海面起算。米制海图单位为米，拓制海图单位为英尺。

（二）深度基准面与水深

海图上标注水深的起算面称为深度基准面（Depth Datum）又称海图深度基准面。我国海图深度基准面采用理论最低潮面（或称理论深度基准面）为深度基准。绝大多数低潮的实际水深大于海图所载水深。这样有利于保证航行安全。

凡海图水面上的数字均表示水深（即海图深度基准面至海底的深度），单位为米。但不包括带括号的和数字下有横线的。其中，斜体字表示是新测量的资料，直体字表示系采用旧资料、深度不准确或来自小比例尺海图上的资料。但在1:500 000或更小比例尺的海图上，水深一律采用斜体字。$\widehat{2}$ 表示特殊水深，水深浅于 21 m 的精确到 0.1 m；21～31 m 精确到 0.5 m，小数 0.9、0.1、0.2、0.3 化至相近的整米数，小数 0.4～0.8 化至 0.5 m；水深大于 31 m 的精确到 1 m；$\overline{32}$ 表示未曾精测过或未曾改正潮高的水深。$\overline{110}$ 表示该处在测深时，110 m 仍未测到底。水深点的位置是在水深数字整数字的中心。

等深线（Depth Contour）是海图上水深相等的各点连线，用细实线描绘，显示海底表面的起伏，10 m 以内诸等深线分别用逐渐加深的颜色显示。用虚线描绘的等深线是根据稀少水深勾绘的，位置不准确。

英版海图的深度基准面采用平均大潮低潮面。英国各港现已全部改用天文最低潮面（Lowest Astronomical Tide，LAT）作为起算面。米制海图水深单位为米，拓制海图水深单位为拓，但水深小于 11 fm 时，水深给出拓和英尺，在拓右旁下侧较小的数字为英尺。

（三）底质

底质（Quality of the Bottom）通常在图上水深数字下面，还注明海底的性质，如泥（Mud，M）、沙（Sand，S）、石（Rock，R）等。它为测深辨位和选择锚地时提供资料。底质注记的顺序是：先形容词后底质种类，如"软泥（SoM）""粗沙（CS）"。若是两种混合底质，则应先写成分多的，后写成分少的，如"泥沙（M.S）"即表示底质是泥多于沙。不同深层的底质，先注记上层及其深度，再注记下层，如"软泥（15）沙［SoM（15）S］"，即表示底质在 15 m 时是软泥，以下是沙。

二、碍航物和航标

（一）碍航物

碍航物（Obstruction）即航行障碍物，有天然的和人为的两种。图 2-1-1 所示的是主要碍航物图式。

礁石是海中突出的、孤立的岩石。它分为：明礁（Rock Uncovered）、干出礁（Drying Rock）、适淹礁（Rock Awash）和暗礁（Reef 或 Submerged Rock）等多种。沉船应根据其部分露出深度基准面，或沉船上水深 20 m 及 20 m 以内（英版海图 28 m 及 28 m 以内），或水深大于 20 m（英版海图大于 28 m）等不同情况，分别用相应的图式来表示，并在其附近注记沉船年份和船名。

在碍航物外加点线圈，目的是提醒人们对危及水面航行的碍航物应予以特别注意，而点线圈并非危险界限。凡碍航物位置未被准确测定者，在图式旁加注"概位（Position Approximate）"，英版图式为"PA"；对位置有疑问者，应加注"疑位（Position Doubtful）"，英版图式为"PD"；对碍航物是否存在尚有疑问时，应加注"疑存（Existence Doubtful）"，英版图式为"ED"。未经测量、据报的航行障碍物，同样也加注"据报"，英版图式为"Rep"。船舶航经碍航物附近时，应按图式了解其含义、运用定位、导航和避险方法，避离它们以确保航行安全。对于疑存、疑位或概位的危险物，则必须更加宽让，以确保船舶安全。

危险物	中版图式	说　明	英版图式
明礁（屿）	●(2.6)　●(1.3)　·(1.2)	平均大潮高潮面时露出的孤立岩石	(4.1)　(3.1)　(1.7)
干出礁	(2₁)　＊(1₈)　(1₄)	平均大潮高潮面下，深度基准面上的礁石	(1₈)　＊(1₄)　(3₇)　Dr 1.6m
适淹礁		在深度基准面适淹的礁石	
暗礁		在深度基准面下，深度不明的危险暗礁	
	＋(4₁)　(4₆)	在深度基准面下，已知深度的危险暗礁	＋(4₆)　(11₂)　4₉ R
	23 岩	非危险暗礁（中版水深大于20 m）	30 R
水下珊瑚礁	珊	位于深度基准面以下的珊瑚礁	＋＋ Co　Co
浪花	5₂ 浪花	多礁区，海浪冲击波涛汹涌，船只不能靠近的区域	5₈ Br
船体露出水面沉船	船	船体露出大潮高潮面，按比例画出	Mast (1.2) Wk
干出沉船	船	大潮高潮面下，深度基准面上，按比例画出	Mast (1₂) Wk
已知深度水下沉船	船	深度基准面下已知深度沉船，按比例画出	5₁ Wk　Wk
深度不明水下沉船	船	深度基准面下深度不明沉船，按比例画出	Wk　Wk
部分船体露出沉船		部分船体露出深度基准面，不按比例画出	
仅桅杆露出的沉船	桅	仅桅杆露出深度基准面以上的沉船	Mast (1.2) Mast (1₂) Funnel　Masts
已知最浅深度沉船	4₈ 船　27 船	经测深已知最浅深度的沉船	4₈ Wk　25 Wk
经扫海探测的沉船	4₈ 船　27 船	经扫海（或潜水员探测）的最浅深度沉船	4₈ Wk　25 Wk
危险沉船		深度不明但可能有碍水面航行的沉船（中版不大于20 m）	
非危险沉船		深度大于20 m（英版大于200 m）的沉船，或深度不明，但不妨碍水面航行的船舶	
未精测沉船	27 船	未经精确测量，最浅水深不明的沉船	20 Wk
沉船残骸及其他碍锚地	碍锚地　#	沉船残骸及其他有碍抛锚和拖网的地区	Foul　#　Foul
深度不明的障碍物	碍　碍	深度不明的障碍物	Obstn　Obstn
已知最浅深度的障碍物	2 碍　17 碍	已知最浅深度的障碍物	4₈ Obstn　17₃ Obstn
经扫海的障碍物	6 碍　17 碍	经扫海或潜水探测的最浅深度障碍物	4₈ Obstn　16 obstn
渔栅		捕鱼用木栅、竹栅或系网捕鱼的桩等	
渔礁	(2₉)	深度不明或已知深度的渔礁	(2₉)
贝类养殖场	贝	养殖贝类的场地	Shellfish Beds

图 2-1-1　主要碍航物图式

（二）航标

航标全称助航标志（Aids to Navigation）。图 2-1-2 所示的是常用助航标志图式。

海图上灯塔（Lighthouse）、灯桩（Light Beacon）的位置在星形中心；立标（Beacon）、浮标（Buoy）和灯船（Light Vessel）的位置在其底边中心；无线电航标的位置在其圆心。

灯浮是以编号、形状、颜色、顶标及灯质来相互区别的。白天以灯浮的编号、形状、颜色、顶标来识别；夜间以灯浮的灯质来识别。灯塔、灯桩在大比例尺海图上，按下列顺序给出以下内容：灯光节奏、灯光颜色、周期、灯高、射程。例如成山角灯塔标注：闪 4 s 60 m 21 M，其含义是闪白光周期 4 s，灯高 60 m，射程 21 n mile。

注：表中"沉船部分露出水面的沉船"的图式，前者是标志，并非按实物绘制的图式，只是表示一艘"部分船体露出水面的沉船"；后者是沉船的轮廓，是按实物绘制的，其虚线部分表示沉船在水面以下的部分，其实线部分是沉船在水面以上的部分。

灯质（Light Character）是指灯光的性质。它是以灯光节奏（Rhythm）和灯光的颜色组成的。灯质的种类很多，最基本的有定光（Fixed）、闪光（Flashing）、明暗光（Occulting）和互光（Alternating）等 4 种。这 4 种灯质又可联合或组合成不同类型的灯质。

周期（Period）是指灯光亮灭或颜色交替，自始至终以同样次序重复出现时，所需时间间隔。

雾号（Fog Signal）是指雾警设备，是附设在航标上雾天发出音响的设备，如低音雾笛（Diaphone）、雾笛（Fog Whistle）、雾钟（Fog Bell）、雾锣（Fog Gong）、莫尔斯雾号（Morse Fog Signal）等。

光弧（Sector of Light）是指船舶自海上看灯塔（灯桩）能够看到灯光的方向范围。光弧界限依顺时针方向记载，方位是指由海上视灯光的真方位。光弧中有不同颜色者，均应分别注明。

三、图注和说明

海图上还有很多重要的图注和说明，在使用海图时必须了解和熟悉。

（一）海图标题栏

海图标题栏（Title Legend）是该图的说明栏。一般制图和用图的重要说明均印在此栏内。标题栏一般印在海图的内陆处，或航行不到的海面上。若有困难也可能印在图框外面适当的地方。其内容主要有：出版单位的徽志，该图所属的地区、国家、海区，图名。图名一般是图区内的重要起止点地名或图区的主要地理名称。图名下有这样一些说明：绘图资料来源、投影性质、比例尺及其基准纬度、深度和高程的单位与起算面、有关图式的说明、地磁资料、国界和地理坐标的可信赖程度等。另外，标题栏内还可能有图区范围内的重要注意事项或警告（Note and Caution），如禁区、雷区、禁止抛锚区或有关航标的重要说明等。

有时在海图标题栏附近还附有图区内的潮信表、潮流表、对景图、换算表和重要物标的地理坐标等。因此，在使用航用海图时，应首先阅读海图标题栏内的有关重要说明，特别是其中用洋红色印刷的重要图注，这对正确和充分利用航用海图来导航，会有很大的帮助。

名　称	中 版 图 式	说　　明	英 版 图 式
灯塔、灯桩		左图为灯塔,右图为灯桩	Lt　Lt Ho
设灯的平台		装有灯标的海上平台	
塔形灯桩	黑黄　塔形	塔形灯桩用此符号表示	BY　Bn Tr　Bn Tower　Bn Tr
灯船		中版海图上,区分有人(左)和无人(右)看守	Lt V
蓝比 (大型航标)		表示大型助航浮标(LANBY)	
导灯	269°17′	两个或两个以上前后重叠,构成导航线的灯	Occ.4s12M Oc.R 4s10M　Lights in line 269°
海岸雷达站	雷达	根据船舶要求,能提供其方位和距离的海岸雷达站	Ra
雷达指向标	雷信	表示能连续发射信号的雷达信标	Ramark
雷达应答标	雷康(K)	具有莫氏信号(K),在3 cm 频带内应答	Racon (K)
雷达应答标	雷康(K)(10cm)	具有莫氏信号(K),在10 cm 频带内应答	Racon (K) (10cm)
雷达应答标	雷康(K)(3&10cm)	具有莫氏信号(K),在3 cm 和10 cm 频带内应答	Racon (K) (3&10cm)
雷达反射器		用于装有雷达反射器的航标所用标志	Ra.Refl.
雷达显著物标		用于雷达影像显著的物标所用标志	Ra conspic
无线电信标	环向	全向无线电信标	Name RC
无线电信标	定向269°.5	定向无线电信标	RD 270° RD
无线电信标	旋向	旋转辐射无线电信标	RW
无线电测向台	测向	提供无线电定位业务的岸基无线电测向台	RG　Ro.D.F.
无线电答询台	答询	海岸无线电答询指向台	R　Ro
航空信标	空指向	供航空用的无线电信标	Aero RC　Aero RC

图 2-1-2　常用助航标志图式

（二）图廓注记

在海图图廓四周注记有很多与出版和使用本图的有关资料。

1.海图图号（Chart Number）

我国海图图号印在海图图廓的四个角上,不论怎样放置海图,图号始终在图的右下角。我国海图图号是按海图所属区域编号的;而英版海图图号与地区无关,是按出版海图的时间先后编号的,刊印在海图图廓外右下角和左上角。若有需要,图号前缀有"BA",以区别英版系列海图与其他海图。专用海图的图号,在普通海图图号前加英文字母前缀"L（XX）"表示。有些海图图号前还印有该图的国际系列图号。

2.图幅（Dimensions）

图幅印在图廓外右下角处,在括号内给出以毫米为单位的图幅尺寸（拓制海图以英寸为单位）,图幅尺寸是指海图内廓的尺寸。根据图幅可以检查海图图纸是否伸缩变形。

3.小改正（Small Correction）

小改正印在图廓外左下角处。海图根据航海通告改正后,均须在这里登记该通告的年份和号码,以备核查本图是否改正至最新通告。

4.出版和发行情况（Publication Note）

出版和发行情况印在图廓外下边,包括海图出版和发行单位、版次说明等。海图的出版、新版及作废消息均发布于《航海通告》之中。

5.邻接图号

邻接图号印在图廓外。它给出与本图相邻海图的图号,以便换图时参考。

6.对数图尺（Logarithmical）

在一些大比例尺的港泊图和沿岸图的外廓图框上,通常都印有对数图尺。其一般印在海图的左上方和右下方,用来速算航程（S）、航速（V）和航行时间（t）之间的关系,如图2-1-3所示。

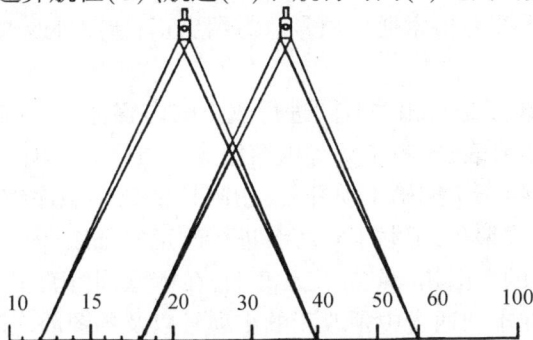

图2-1-3　对数图尺

第二节 中版海图的改正

一、中版《航海通告》

中版《航海通告》由中国人民解放军海军海道测量局每周(周一)定期出版一期,全年共52(或53)期,是刊载有关航海图书出版发行事项和航海图书的更新以及改正内容的出版物。中版《航海通告》向使用者通报与海上航行有关的海区重要要素变化情况,用以改正航海图书,提高航海图书的现势性。

(一)中版《航海通告》的主要内容

中版《航海通告》主要包括4部分。

1.说明、航海信息、图书消息

此部分的主要内容有:

(1)说明:对中版《航海通告》的内容编排、索引、海图改正、临时性通告、航标书表的改正等内容进行了简要说明。

(2)航海信息:主要刊发航海图书上未表示,但与船舶航行安全有关的信息。此部分信息非常重要,航海人员在收到此类信息后,需要专门保存,以便随时备查。

(3)图书消息:用来公布航海图书出版、改版、作废以及出版预告消息,并每月汇总一次当月图书消息。航海人员可据此检查船存海图和图书的有效性,便于及时购买最新版的图书和海图。

2.索引、海图改正、临时通告

(1)索引。索引包括地理区域索引和关系海图索引。地理区域索引用地理位置检索通告项号,关系海图索引用海图图号检索通告项号。海图更正、新图补改及通告项号列在地理区域索引末尾。

(2)海图改正。海图改正是对相关海图进行改正的内容,由项标题、改正内容、关系海图、关系航标表、关系无线电信号表、资料来源等内容组成。项标题由项号、地理名称、改正要素提示三部分组成。项号从每年第1期第1项开始,用阿拉伯数字顺序编号,至年底最后一期止。改正内容有较为固定的格式编写,记载了对海图进行改正的方法、内容和位置。其采用的数学基础和计量单位与所改正的海图相一致。关系海图,在标题词"海图"后依次列出本项通告涉及改正的海图图号、各图在本项通告中须改正的小项号以及各图前次改正通告的年份和项号。

关系航海标表为非固定内容,只有在改正涉及航标表时给出。资料来源用于记录本项通告所采用的原始资料,表示内容包括资料提供单位简称、资料文件号、通告编发单位内部资料编号。

（3）临时通告

临时通告编排在海图改正之后,单面印刷。临时通告前注有"T"字,在标题后面注"临"字。临时通告所列海图图号仅供使用该项通告时参考。每月最后一期通告列出仍然有效的临时通告索引,每年的年中和年底出版《有效临时通告汇编》,又方便用户查找使用。

3.航行警告

目前中版《航海通告》仅转载由国际海事组织（IMO）划分的 NAVAREA 第 XI 海区的无线电航海警告,单面印刷。航行警告由两部分组成,前一部分刊发至今仍然有效的航海警告的年份与号码,后一部分刊发当前一段时间内新的航海警告内容。

4.航海书表改正

航海书表改正包括《航标表》《无线电信号表》等航海书表的改正。其改正内容只适用于改正所列版次的航海书表,单面印刷。

（1）《航标表》改正

标题中从左至右,依次列出航标表的书名、书号、出版年份。改正内容栏中的"…"代表该栏原内容不变,"-"代表删去该栏原有内容。

（2）《无线电信号表》改正

标题依次列出《无线电信号表》的书名、书号、出版年份。《无线电信号表》中无线电通信部分,改正内容左边一栏和中间一栏为改正内容所处的位置,即页码和行数,右边宽栏内为改正内容;其余部分,改正内容栏中的"…"代表该栏原内容不变,"-"代表删去该栏原有内容。

（二）利用中版《航海通告》查阅相关信息

1.查阅海图的出版、改正信息

（1）查阅海图的出版、改版或作废的消息

例题 2-1：请根据 2023 年第 41 期中版《航海通告》查阅有无海图 12354 的出版、改版或作废的消息。

解析：海图的出版、改版或作废消息应查阅中版《航海通告》第一部分"说明、航海信息、图书消息",其中,"图书消息"里可以查到海图相关信息,海图 12354 的出版消息如图 2-2-1 所示。

（2）查阅海图改正信息

例题 2-2：请根据 2023 年第 41 期中版《航海通告》查阅有无海图 10011 的改正信息。

解析：本题可以利用中版《航海通告》第二部分"索引、海图改正、临时性通告"中的索引。第二部分的索引有两个:地理区域索引和关系海图索引。如图 2-2-2 所示,在关系海图索引中,有本期《航海通告》所涉及的海图,即应改正的海图,从中可以看出其中涉及海图 10011,且该海图应该改正的通告号(项数)为1472。

图 书 消 息

改版海图

图 号	图 名	改版时间	备 注	售 价
12354	黄岛油港区	2023年7月第6版	2017年4月第5版12354海图作废	128元
13170	长江口南部	2023年7月第15版	2020年4月第14版13170海图作废	128元
13661	隘顽湾及附近	2023年7月第3版	2016年4月第2版13661海图作废	128元
15113	汕头港外航道	2023年7月第4版	2018年4月第3版15113海图作废	128元

新版书表

书 号	书 名	开 本	出版时间	售 价
L013	1969年国际干预公海油污事件公约	16开	2023年6月第1版	80元

图2-2-1 图书消息

关 系 海 图 索 引

图 号	项 数	图 号	项 数
102	1472	F10504	1472
103	1472	F10505	1472
10011	1472	F10507	1473
10012	1472	F10516	1475
10015	1475	F11002	1472
10016	1475	F11008	1475

图2-2-2 关系海图索引

例题2-3: 查阅海图10015上一次改正的通告号。

解析: ①用上一题的方法查阅"关系海图索引",可以找到10015应改正的通告号(项数)为1475,如图2-2-2所示。

②根据通告号(项数),从索引后的航海通告中找到通告1475(航海通告按项数大小排列),其内容如下:

1475 * 南海 万山群岛 桂山岛东北方—存在沉船

加绘 据报(2023)　　　　(1)22°09′32″N、113°50′54″E

(2)同上述(1)

海图	15436(1)	〔2023-1355〕	15379(1)	〔2023-1305〕	15370(1)	〔2023-1355〕
	15440(1)	〔2023-1384〕	15300(1)	〔2023-1305〕	15500(1)	〔2023-1386〕
	15010(1)	〔2023-1427〕	15020(1)	〔2023-1204〕	10015(2)	〔2023-1427〕
	10016(2)	〔2023-1387〕	F10516(1)	〔2023-932〕	F11008(2)	〔2023-1427〕

备注　　　　该沉船为"珠香 2491 "渔船。

资料来源　　粤航警〔2023〕58 号　　　　　　　　　　　　　　　　　　　(2379/2023)

从通告正文后的"海图"中,找到海图 10015 相关信息:"10015(2)〔2023-1427〕",括号中的"2023-1427"表示该海图上一次应改正的通告号,而圆括号内的数字表示海图应该改正的项数,如本例中 10015 海图后面圆括号为(2),表示本次仅需要改正第(2)项内容。

③利用该通告号核对海图 10015 的小改正,可以检查该海图在本次改正之前是否改正到最新。

2. 查阅航海书表的新版、改版、作废及改正信息

(1)查阅航海书表的新版、改版及作废信息

例题 2-4:请根据 2023 年第 41 期中版《航海通告》查阅有无航海书表 L103 的出版信息。

解析:航海书表的新版、改版及作废信息,应查阅中版《航海通告》第一部分"说明、航海信息、图书消息",其中"图书消息"可以查到相关信息,一般列在海图出版、改版或作废的消息之后。经查可知,有航海书表 L103 的新版信息,出版时间为 2023 年 6 月,版本为第 1 版。

(2)查阅航海书表的改正信息

例题 2-5:请根据 2023 年第 41 期中版《航海通告》查阅有无《航标表》G101 的改正信息。

解析:中版《航海通告》第Ⅳ部分为航海书表的改正,翻到该部分可以查阅有无海图 G101 的改正信息,如图 2-2-3 所示。其他航海书表的改正也在本部分中,若没有其他航海书表的改正信息,说明本期航海通告不涉及该航海书表的改正。

航标表改正

黄、渤海航标表　　　　G101/2022

1252.88	秦山化工引导灯桩中线后 Qinshan Chemical Industry Ldg Lts, Middle Rear	39 56.3 N 119 41.6 E	…	24	10	白色钢架,顶标为黑边白心菱形;20.6	设 3 组定黄串灯
1252.9	秦山化工引导灯桩东线后 — E Rear	39 56.3 N 119 41.6 E	…	24	10	白色钢架,顶标为黑边白心倒置三角形;20.6	设 3 组定绿串灯

图 2-2-3　航海标表改正

（三）利用中版《航海通告》进行海图改正

1.改正步骤

（1）收取中版《航海通告》

船舶在到达某一港口前,应提前发报给当地代理或给公司安监部门,索取有关的航海通告,注意注明所需通告的年份及期数。订购或索取本航次所需的航海图书或通告应以书面文件为准,如电传(Telex)、电报、有收文方或传送方签收回执的电子邮件或有挂号凭证的信件。条件不许可时,也可用传真,但须记下发传真的时间、传真号码等。在利用上述手段发送订购或索取信息时,应特别注明"若不能提供或部分不能提供皆请回电"。若对方未回电,也要再催促一次。需要特别指出的是,所有的往来信函必须保存,以应对港口国检查。通告到船后,应检查与船舶索取的通告是否一致,并在船舶的航海图书资料登记簿中注明通告的到船期数、接收港口及到船日期及时间。若能上网,则可登录网站(www.ngd.gov.cn)自行下载使用。

（2）根据"关系海图索引"和本船海图登记簿查找需要改正的海图图号

如表 2-2-1 所示,将本船海图登记簿中的图号与中版《航海通告》"关系海图索引"(如图 2-2-4 所示)中的图号进行比对,将"关系海图索引"中涉及本船的海图图号 10011、11010、11700、11710、12000、12100、12300、15010、15020、15300,用 2B 铅笔勾出来,如图 2-2-4 中带圆圈的图号。

（3）海图卡片的登记

海图卡片是船舶海图的档案卡,每张海图配备一张(如果一张不够使用可附加),用于记载海图的图号、图名和出版发行资料,并留出大部分空间用于登记与该海图改正有关的航海通告的编号,如图 2-2-5 所示。

表 2-2-1　船舶中版海图登记簿

图号	比例尺	图名	出版年月	备注
10011	1∶1 000 000	黄海北部及渤海	2000	
10017	1∶1 300 000	中国　菲律宾　南海东北部	1986	
10018	1∶1 300 000	南海西北部	1986	
11010	1∶500 000	天津新港、大连港至成山角	1986	
11300	1∶250 000	外长山群岛至复州湾	1990	
11310	1∶150 000	海洋岛至大连湾	2000	
11381	1∶40 000	大连港及附近	1995	
11700	1∶250 000	秦皇岛港至歧河口	1989	
11710	1∶120 000	秦皇岛港至曹妃甸	2001	

续表

图号	比例尺	图名	出版年月	备注
11711	1：30 000	秦皇岛港及附近	1998	
11712	1：12 500	秦皇岛港	2001	
11900	1：250 000	大连港至烟台港	1986	
11910	1：150 000	渤海海峡	1986	
12000	1：750 000	成山角至长江口	1986	
12100	1：250 000	烟台港至乳山口	1986	
12111	1：20 000	山东高角附近	2000	
12300	1：250.000	石岛港至青岛港	1986	
13000	1：750 000	长江口至闽江口	1986	
13100	1：250 000	吕四港至花鸟山	1986	
13170	1：130 000	长江口南部	2002	
13179	1：60 000	长江口北港、南港水道	2001	
13181	1：25 000	吴淞口锚地	2001	
13300	1：250 000	中国东海　舟山群岛及附近	1986	
13500	1：250 000	中国东海　韭山列岛至台州列岛	1986	
13700	1：250 000	中国东海　台州列岛至台山列岛	1986	
13900	1：250 000	台山列岛至海坛海峡	1985	
14000	1：700 000	中国台湾海峡及附近	1986	
14100	1：250 000	海坛海峡至厦门港	1986	
14300	1：250 000	厦门港至汕头港	1986	
15010	1：500 000	汕头港至珠江口	1986	
15020	1：500 000	珠江口至琼州海峡	1986	
15100	1：250 000	汕头港至碣石湾	1986	
15300	1：250 000	碣石湾至珠江口	1986	

II 关 系 海 图 索 引			
图　号	项　数	图　号	项　数
102	1472	F10504	1472
103	1472	F10505	1472
(10011)	1472	F10507	1473
10012	1472	F10516	1475
10015	1475	F11002	1472
10016	1475	F11008	1475
(11010)	1469、1470		
11661	1469、1470		
(11700)	1469、1470		
(11710)	1469、1470		
11761	1469		
11770	1469		
11800	1471		
(12000)	1472		
(12100)	1472		
12170	1472		
(12300)	1472		
12310	1472		
13110	1473		
13119	1473		
13710	1474		
13715	1474		
(15010)	1475		
(15020)	1475		
(15300)	1475		
15370	1475		
15379	1475		
15436	1475		
15440	1475		
15500	1475		
20022	1476		
22033	1476		
72009	1477		
80025	1478		
83006	1478		
85005	1479		
F10503	1469、1470		

图 2-2-4　关系海图索引

```
┌─────────────────────────────────────────────────────────────┐
│                      海 图 卡 片                               │
│                航区：_____    编号：_____               │
│   图号：_____        图夹：_____  编号：_____ │
│   图名：_____        出版国家：_____     │
│   出版年月：_____                                      │
│   调制或改版日期：_____       海图目录区域：_____   │
│                                                               │
│   航海通告登记：_____        │
│   _____        │
│   _____        │
│   _____        │
│   _____        │
└─────────────────────────────────────────────────────────────┘
```

图 2-2-5　海图卡片

抽出海图 10011、11010、11700、11710、12000、12100、12300、15010、15020、15300 的卡片,进行登记。登记时应登记有关通告的年份和通告号码。如,在"关系海图索引"中,10011 海图对应的项数是 1472,则在 10011 海图卡片上的"航海通告登记"接着写上"2023-1472"。标记中"2023"表示 2023 年,"1472"表示 2023 年第 1472 号通告(项)。

(4)海图改正

永久性通告在改正海图时应用细尖红墨水钢笔进行,以示醒目;临时性通告和预告一律用铅笔进行改正,在改正处应注明临时性通告或预告的号码与年份。中版航海通告中符号和凡用引号标出的文字或缩写,原则上都要求填入海图。符号、文字或缩写的填入要严格按照中版海图图式的规定进行,字体端正,符号清晰正确,不致被人误解。填入的内容不可掩盖海图上的原有资料;符号在规定位置填画不下时,可移至一边,并用箭头指明其准确位置;被删除的符号或缩写仅用一红线划掉原内容。这样既表示删除原内容,而且原内容仍完整可辨。海图改正结束后,还应在海图小改正处登记通告的年份及通告号(项号)。

海图代销店一般负责将海图改正到供应当时最新的一期周版《航海通告》,但不负责对供应前的临时性通告和预告的改正。因此,海图供应后的一切小改正以及所有的临时性通告和预告均应由海图使用者负责。

如图 2-2-6 所示,每项航海通告一般由五部分组成,包括:

①项标题:由项号、地理名称、改正要素提示三部分组成。项号从每年第 1 期第 1 项开始,用阿拉伯数字顺序编号,至年底最后一期止。

②改正内容:格式较为固定,记载了对海图进行改正的方法、内容和位置,常见的改正方法有"加绘""删除""变更"等,改正方法见下文详述。其采用的数学基础和计量单位与所改正的改图相一致。

③关系海图:在标题词"海图"后依次列出本项通告涉及改正的海图图号、各图在本项通告中须改正的小项号以及各图前次改正通告的年份和项号。

④关系航标表或无线电信号表:该部分为非固定内容,凡改正内容涉及改正航标表或无线

电信号表时,用以提示相关航标表或无线电信号表的书号、出版时间等内容。

⑤资料来源:用于记录本项通告所采用的资料出处,表示内容包括资料提供单位简称或资料文件编号和通告编发单位使用的资料序号。

1457* 东海　洞头列岛 状元岙岛东北方——航标变更

加绘	状元岙(Z0)	快红 AIS	(1)27°55′34″.8N、121°11′31″.2E
删除	(M1)	莫(Q)黄 12s AIS	(2)27°56′22″.9N、121°11′28″.7E
	状元岙(Z1)	长闪 10s AIS	(3)27°55′39″.7N、121°11′26″.6E

海图　13731〔2023-1456〕 13715〔2023-1456〕 13735〔2023-1456〕 13710〔2023-1456〕

航标表　G102/2022〔2716.6〕〔2721.109〕〔2721.11〕

无线电信号表　F101/2022〔2716.6〕〔2721.109〕〔2721.11〕

资料来源　东标动态字〔2023〕09 号　(2495/2023)

图 2-2-6　航海通告内容

2.海图改正实例

下面我们举几个具有代表性的实例来说明海图改正的方法。

例题 2-6:利用 2023 年第 41 期《航海通告》改正海图 15300。

解析:首先找到改正海图的通告(方法见上述"利用中版《航海通告》查阅相关信息"),通告内容如下:

1475* 南海　万山群岛 桂山岛东北方—存在沉船

加绘　据报(2023)　(1)22°09′32″N、113°50′54″E

(2)同上述(1)

海图	15436(1)	〔2023-1355〕	15379(1)	〔2023-1305〕	15370(1)	〔2023-1355〕
	15440(1)	〔2023-1384〕	15300(1)	〔2023-1305〕	15500(1)	〔2023-1386〕
	15010(1)	〔2023-1427〕	15020(1)	〔2023-1204〕	10015(2)	〔2023-1427〕
	10016(2)	〔2023-1387〕	F10516(1)	〔2023-932〕	F11008(2)	〔2023-1427〕

备注　该沉船为"珠香 2491"渔船。

资料来源　粤航警〔2023〕58 号　(2379/2023)

查看通告中"海图"部分,可找到"15300(1)〔2023-1305〕",说明海图 15300 仅需改正第(1)项内容,按照通告要求将" 据报(2023)"绘画到海图 15300 上,绘画时注意将沉船符号 中心置于 22°09′32″N、113°50′54″E 上,如图 2-2-7 所示,并在海图小改正处登记通告的年份和项数(通告号),如图 2-2-8 所示(圆圈内)。

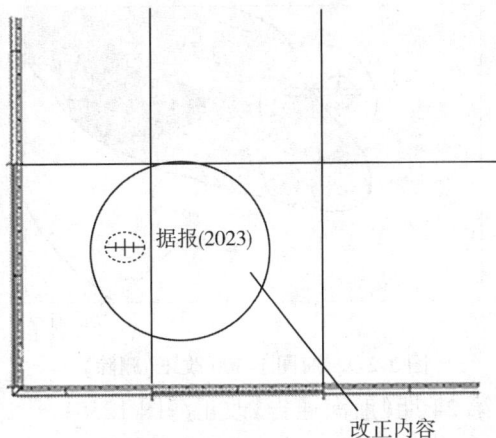

图 2-2-7　海图 15300 改正(加绘)

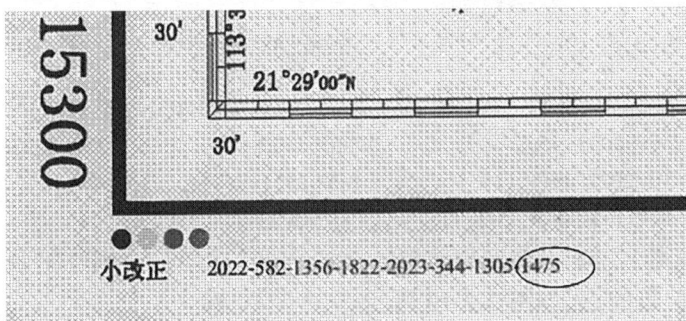

图 2-2-8　小改正

例题 2-7:利用 2023 年第 40 期《航海通告》改正海图 14300。

解析:改正过程不再赘述,改正海图 14300 的通告如下:

1460 ＊ 台湾海峡 南碇岛附近————撤除 AIS 航标

删除　　　　 AIS　　　　　　　(1)24°06′8″.5N、118°02′38″.6E

　　　　　　　　　　　　　　　(2)24°09′2″.4N、118°00′40″.8E

海图　　　　14351〔2023-1422〕　　14240〔2023-1421〕　　14310〔2023-1425〕

　　　　　　14300(1)〔2023-1427〕

无线电信号表　F101/2022〔＊3201.41〕　　〔＊3201.501〕

资料来源　　东标动态字〔2023〕09 号　　(2495/2023)

　　本例,海图 14300 仅需改正第(1)项,删除图标。在海图 14300 上,根据位置 24°06′8″.5N、118°02′38″.6E 找到该图标,用双线进行删除,如图 2-2-9 所示,小改正登记同上例,不再赘述。

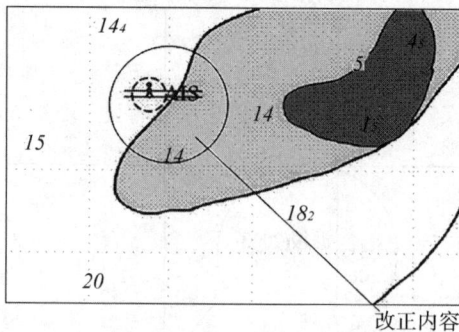

改正内容

图 2-2-9 海图 14300 改正(删除)

例题 2-8:利用 2023 年第 24 期《航海通告》改正海图 12351。

解析:改正过程不再赘述,改正海图 12351 的通告如下:

782 ＊ 黄海 青岛港 前湾港区———航标移位

移位 闪(3)红 10s 由: 36°01′33″.0N、120°14′33″.1E

至: 36°01′29″.9N、120°14′35″.3E

海图 12351〔2023-45〕 12355〔2022-〕 12339〔2023-303〕
航标表 G101/2022〔1668.12〕 〔1668.253〕 〔1668.16〕〔1668.162〕
资料来源 北海航保标通字〔2023〕15 号 (0880/2023)

改正方法:在海图 12351 上找到原位置的图式和新位置的点,用红笔画个箭头,箭头从原位置的灯浮指向新位置的点,如图 2-2-10 所示。

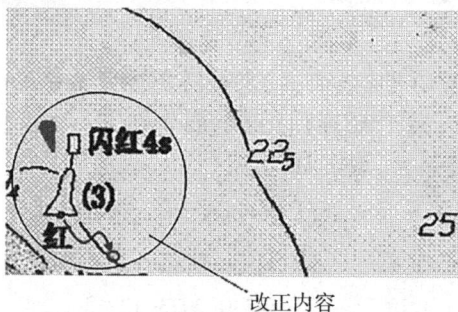

改正内容

图 2-2-10 海图 12351 改正(移位)

例题 2-9:利用 2023 年第 36 期《航海通告》改正海图 15300。

解析:改正过程不再赘述,改正海图 15300 的通告如下:

1305 ＊ 南海 万山群岛 担杆水道———航标变更

变更 由: 闪6s雷康(G)AIS (1)22°07′36″.3N、114°13′32″.2E

至: 闪6s8M 雷康(G)AIS (2)同上述(1)

海图	15379〔2023-1183〕	12370〔2023-1203〕	15300〔2023-1294〕
航标表	G103/2022〔4281.751〕		
资料来源	交南航保标字〔2023〕065号（2207/2023）		

改正方法：根据 22°07′36″.3N、114°13′32″.2E 在海图上找到改正位置，通过变更前后资料变化可知，需要添加射程"8M"，本例直接在旁边添加"8M"，如图 2-2-11 所示。如果需要改变原资料，则用两条平行实线划去，在旁边加上变更后的内容。

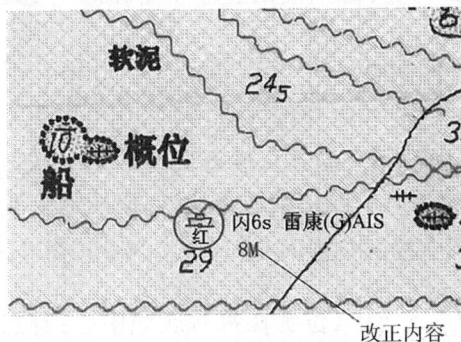

图 2-2-11　海图 15300 改正（资料变更）

3.临时性航海通告和预告的改正

由于临时性通告和预告的临时性，可以不对其进行改正。如果要改正，海图的使用者有必要从海图的出版或出新版之日起，查出所有至今仍有效的临时通告和预告。在海图改正时，须用铅笔，并在海图左下角的"小改正"处另起一栏进行登记。至今仍有效的临时性通告和预告，可查阅月末期《航海通告》的第Ⅱ部分，如图 2-2-12 所示。

Ⅱ

有效临时通告索引

（1）中国　渤海

218/2007	辽东湾 锦州港南方	划定抛泥区（临）
219/2007	秦皇岛港东北方	划定抛泥区（临）
1965/2016	普兰店港	浮标漂失（临）
1656/2019	唐山港 京唐港区	设置AIS航标（临）
902/2020	唐山港 京唐港区	设置AIS航标（临）
195/2022	滦河口东方	存在沉船（临）
550/2022	黄骅港	灯桩暂停使用（临）

图 2-2-12　有效临时通告索引

4.无线电航海警告的改正

无线电航海警告是专门以无线电报的形式发布一些与航行安全有关，但来不及由《航海通告》发布的信息，其中相当一部分是针对海图改正的信息。《航海通告》的第Ⅲ部分就是对这些报文进行的重印。这些报文多数属临时通告和预告性质。其改正的要点与上述"临时性航海通告和预告的改正"部分基本一致。由于报文中只引用了最常用的海图，因此在改正时一般只改正该张海图即可。警告撤消后,注意及时把有关内容从海图上擦去。

5.海图改正的注意事项

(1)海图改正时应按航次使用的先后顺序由近至远进行改正。

(2)海图改正时应用专用的海图改正笔,一般不要用普通钢笔。由于普通钢笔的尖较粗,在对某一小范围进行较大量的改正(如因油田的建立需在海图上填注大量的钻井平台)时,容易造成改正处的模糊不清。

(3)海图改正时应注意海图图号后的"上一次改正",其中有对海图改正的特殊提示。

(4)对于同一张海图根据海图卡片进行连续改正时,最好先改正最近的通告。这样可以根据最近期通告下面的"上一次改正"部分直接查出海图上一次改正的航海通告的年份和通告编号。这样可以一步步查出所有应改正的航海通告,以防通告有漏登、漏改的情况出现。

(5)海图改正时还应注意航标的位置面状符号(如" ",位置在符号中心;形象符号(Symbols in Profile),如" 、 ",位置在符号底线中心;有点符号" 、 ",符号中的点即为中心位置。

(6)有时某一小改正分成很多条,若时间来不及可先修改航线附近的几条,离航线太远的可暂时不改,但此时不能在"小改正"处进行登记,可在小改正处注明"×××号通告仅做部分改正",待时间允许时立即进行补改。

二、中版《航海通告海图改正索引》

需要特别指出的是,作为中版《航海通告》的一部分,一般在次年初对上一年度所有永久性通告进行汇编,形成中版《航海通告海图改正索引》。该索引可用以核对船存海图登记卡片中登记内容的完备性和船存海图的有效性,以防在海图改正时出现漏登漏改的现象或海图失效的情况。

该索引把本年度所有有效的中版海图及其涉及的航海通告按图号顺序分4栏印出。第一栏为上一年度所有有效的海图图号;第二栏为该海图的出版年月;第三栏为海图出版的版次;第四栏为海图在该年度的改正通告项号。

(一)检查船存海图有效性的方法

(1)首先查阅海图下边所印制的海图出版日期及版次。

(2)根据海图图号查阅最近年份的中版《航海通告海图改正索引》,可以得到该海图的出版日期和版次。

(3)将两个日期及版次进行比较,若海图下边所印制的海图出版日期及版次与中版《航海通告海图改正索引》所列日期及版次相同,说明该海图是有效海图;若海图下边所印制的海图出版日期及版次与中版《航海通告海图改正索引》所列日期及版次相比较早,则说明海图已作废,需要进行更新。

（二）检查船存海图卡片是否有漏登漏改或错登错改的现象

（1）找出拟检查的海图登记卡片。

（2）把海图卡片上的通告登记情况与第四栏的海图在该年度的"改正通告项号"中的内容相比较，若双方登记一致，说明没有漏登漏改的现象；若海图卡片上的通告登记情况与"改正通告项号"中的内容不一致，则要根据"改正通告项号"的内容进行修改。

三、中版《有效临时通告汇编》

目前，为了便于航海人员准确掌握临时性通告的有效情况，中国人民解放军海军海道测量局印发《有效临时通告汇编》，对截止到某段时间仍有效的临时通告进行汇编印刷。一般该书的封面印有该书采用资料所截至的通告。

该书分为五个部分，第Ⅰ部分为"索引"，航海人员可以从该部分中按地区查阅该地区至今有效的临时通告编号、具体区域及主要内容。第Ⅱ、Ⅲ、Ⅳ、Ⅴ部分按渤海海区、黄海海区、东海海区和南海海区分别给出本地区内至今有效的临时通告的具体内容。

第三节　英版海图的改正

一、英版《航海通告》

（一）主要内容

英版《航海通告》（Admiralty Notices to Mariners）是由英国海道测量局（UKHO）每周定期编辑出版一次，全年共52期（或53期）。其主要内容包括以下几个部分：

1.注释、出版物一览表（Explanatory Notes，Publications List）

（1）关于在英国海道测量局（UKHO）网站上使用英版《航海通告》的指导性说明如下：

该部分告知使用者用于更新纸质版英版海图和航海图书资料的英版《航海通告》可通过访问 admiralty.co.uk/msi 或 www.ukho.gov.uk/nmwebsearch 网站获得。最新的数字版英版《航海通告》比纸质版提前10天发布，而且访问英国海道测量局（UKHO）《航海通告》网站不收取订阅费用。此说明还对如何登录网站、查阅并下载英版《航海通告》等内容进行了介绍。

（2）注释：该部分对英版《航海通告》的出版日期，出版物列表，临时和预告性通告，现行版航海图书，海图永久性、临时和预告性通告的改正，原始资料，无线电航海警告及各种航海图书资料的改正等内容进行了简要介绍。

（3）出版物一览表：该部分包括：

①相关的海图和出版物列表（Admiralty Charts Affected by the Publication List）：以列表的形式给出了当期《航海通告》涉及的英版海图和出版物。

②现已出版并可购买的英版海图及航海出版物（Admiralty Charts and Publications Now Published and Available）：包括新图与新书（New Admiralty Charts and Publications）、新版图与新版书（New Editions of Admiralty Charts and Publications）两部分。

③即将出版的海图和图书（Admiralty Charts and Publications to Be Published）。

④作废的海图和图书（Admiralty Charts and Publications Permanently Withdrawn）。

⑤作废的海图（Intention to Withdraw Charts）：这种形式的作废没有替代的海图。

⑥英版海图代理/分销商信息（Admiralty Chart Agent/Distributor Information）。

（4）有效的临时性通告和预告：给出了截至某具体日期仍然有效的临时性通告和预告，每月给出。

（5）现行航海图书一览表：给出了各种现行的英版航海图书的版本，可利用该项内容检查英版航海图书的适用性，每个季度最后一期提供。

2. 航海通告、海图改正（Notices to Mariners, Update to Charts）

各期《航海通告》第Ⅱ部分中主要包括以下内容：

（1）地理索引（Geographic Index）：共分 3 栏。第一栏为地域的序号，如北大西洋的编号为（7）号；第二栏为地域名称，列有各通告所涉及的地区名称；第三栏列有各地区的通告所在的页数。《航海通告》的编号就是以"地理索引"中的地区顺序编排。

（2）《航海通告》与海图夹号索引（Index of Notices and Chart Folios）：该索引共分 3 栏，列有《航海通告》编号、通告所在的页数及应改正海图的图夹编号。航海人员在阅读《航海通告》时，可以根据通告编号查阅该部分，直接查知通告所在的页数。所谓海图图夹编号是海图所属区域的编号，由 1~100。关于世界各区的海图图夹编号，请查阅英版《海图及航海出版物目录》（NP131）中的海图图夹索引图。

（3）关系海图索引（Index of Charts Affected）：该索引分 2 栏，列有该期《航海通告》中所有针对于海图改正的《航海通告》编号及其所有改正的海图图号（Admiralty Chart No.）。该索引是进行《航海通告》登记的最重要依据。

（4）与海图改正有关的通告：包括永久性通告及通告号后加注（T）的临时性通告和通告号后加注（P）的预告，航海人员可据此进行海图的改正。

3. 无线电航海警告的重印（Reprints of Radio Navigational Warnings）

有些与航行安全密切相关的资料发生变更后，为尽快通知船舶，有时采用无线电航海警告的形式对该信息予以发布。无线电航海警告多属临时性质，但某些警告的有效期可长达数周甚至数月，直至最后为《航海通告》所代替。国际海道测量组织（IHO）和国际海事组织（IMO）联合建立了世界范围航海警告业务（WWNWS），将全球划分为 21 个航行警告区（NAVAREAs）和一个局部区（Sub-area）。本部分仅重印航行警告Ⅰ区（NAVAREA Ⅰ）中的无线电航海警告。

无线电航海警告的内容,主要包括:

(1)有关灯塔、灯船、雾号、无线电信标、定位系统及重要浮标的变更。

(2)在航路附近的石油钻探装置的动态。

(3)在拥挤水域标志敷设电缆船及救捞船的浮标位置。

(4)海图上未标出的新发现的危险沉船。

(5)行动不便的超大型船舶或拖带船组的位置及动态。

(6)在拥挤水域中的漂雷。

(7)最近发现且资料充分准确的弃船。

(8)区域广阔的海上军事演习区等。

无线电航海警告的重印共印有 2 部分:第一部分是至今仍有效的无线电航海警告的发布年份及通告编号的重印,各通告的正文内容可查阅有关的《航海通告》;第二部分是最近一周发布的无线电航海警告编号及正文内容和重印。建议将此内容裁下,按地区专门汇订,在进行航线设计、海图改正和航行途中,应特别注意查阅有关的无线电航海警告。

航海警告 I 区中所有有效的航海警告及不再播发的警告,都可以从网站 www.admiralty.co.uk /RNW 中获取。此外,在每年第 1、13、26 和 39 期英版《航海通告》的第 Ⅲ 部分中都列有所有航海警告 I 区中有效的航海警告累积表,或者这些航海警告可以通过发送邮件(navwarnings@btconnect.com)的形式申请获得。无线电航海警告的网页上有一个到国际海道测量组织(IHO)网站的链接,该链接允许直接访问世界上其他航海警告区域,获取他们已经在网上发布的航海警告。

4.对航路指南的改正(Updates to Admiralty Sailing Directions)

该部分按卷别顺序列出了英版《航路指南》的改正资料,该资料可按卷别装订成册,最新的资料在最上面,便于日后阅读。另外,季末期《航海通告》中还列有至今仍然有效的《航路指南》改正资料一览表。该表列有书号(NP No.)、页码、标题及航海通告的周版期号四项内容。用户在实际工作中,可利用该表检查以前的改正是否有漏改的情况。

5.对英版《灯标与雾号表》的改正(Updates to Admiralty List of Lights and Fog Signals)

该部分内容按卷别顺序编排,单面印刷,便于剪贴。

6.对英版《无线电信号表》的改正(Updates to Admiralty List of Radio Signals)

该部分内容也按卷别顺序编排,单面印刷,便于剪贴。

7.对其他英版图书的改正(Updates to Miscellaneous Admiralty Nautical Publications)

该部分列出了其他前面未涉及的英版航海图书的改正资料,如《世界大洋航路》《海员手册》《潮汐表》等。资料内容分 4 栏,分别是书号(NP No.)、页码、标题及航海通告的周版期号

4项内容。

8.对英版数字产品与服务的改正(Updates to Admiralty Digital Services)

该部分列出了英国海道测量局(UKHO)对其出版的数字版资料及其支持软件的升级、维护和变化等内容。

另外,在封底对航海人员在发现有新的航海异常时的及时报告和联系方法做了说明。

(二)利用英版《航海通告》查阅信息

1.查阅英版海图出版、改正信息

(1)查阅海图的出版信息

例题 2-10:请根据 2023 年第 41 期英版《航海通告》查阅有无海图 1777 的出版消息。

解析:海图及出版物的出版消息刊印在英版《航海通告》第一部分"注释、出版物一览表"中的"出版物一览表"中,翻到"Admiralty Charts Affected by the Publication List",根据海图号进行检索,可找到有关海图 1777 的出版消息,往后面翻页,可找到海图 1777 出版的具体信息。

(2)查阅海图改正信息

例题 2-11:请根据 2023 年第 41 期英版《航海通告》查阅海图 3480 的改正信息。

解析:查阅某一海图改正信息,可以查阅第二部分索引中的"关系海图索引"(Index of Charts Affected),如图 2-3-1 所示。据海图图号进行检索,可以找到是否有海图 3480 的信息。本例中,可找到改正海图 3480 的通告号为 3631,如图 2-3-1(圈内)所示。若要进一步了解改正的详细内容,可以该通告号为索引,在"航海通告与海图夹号索引"中找到通告所在的页数为 2.32(如图 2-3-2 圈内所示),根据该页数可以找到航海通告的具体内容。通告具体内容如下:

3631　　　　　　KOREA-West Coast-Light.

Source:Korean Notice 32/592/23

Chart 913(INT 5254)［previous update 2522/23］WGS-84 DATUM

Amend　　　　　range of light to,12M　　　　　35°59′.37N,126°13′.35E

Chart 1256［previous update 3089/23］WGS-84 DATUM

Amend　　　　　range of light to,12M　　　　　35°59′.4N,126°13′.4E

Chart 3480［previous update 3505/23］WGS-84 DATUM

Amend　　　　　range of light to,12M　　　　　35°59′.5N,126°13′.3E

与中版《航海通告》类似,海图号后面的中括号内的数字表示该海图上次应改正的通告号。

INDEX OF CHARTS AFFECTED			
Admimlty Chart No.	Notices	Admimlty Chart No.	Notices
2766	3665	5621_1	3668
2820	3633	5621_10	3654
2825	3625T	5621_5	3654
2829	3628	5621_7	3654
2833	3642		
2839	3648	Australiao Chart No.	Notices
2850	3563		
2851	3582	Aus 53	3619
2859	3562	Aus 57	3613T
2865	3649	Aus 143	3607T, 3608T, 3644
2872	3580	Aus 326	3619
2883	3609	Aus 743	3611
2892	3602	Aus 801	3608T
2921	3563	Aus 802	3608T
2945	3570	Aus 814	3605T
2977	3664	Aus 815	3605T
3033	3618		
3035	3618	Cerman Chart No.	Notices
3103	3587T		
3204	3650	DE 30	3579
3282	3584	DE 31	3614
3292	3584	DE 33	3579
3325	3673T	DE 34	3575
3337	3678	DE 43	3579
3339	3586	DE 46	3572
3351	3566	DE 47	3572
3400	3653	DE 50	3573
3401	3635T		
3480	3631	Japanese Chart No.	Notices
3523	3632		
3561	3623	JP 28	3658
3683	3676	JP 67	3657, 3659
3803	3681	JP 90	3659
3971	3652	JP 126	3660
3972	3592	JP 1061	3659
4117	3663	JP 1062	3659
4118	3663	JP 1133C	3660
4237	3583		
4400	3642	International Chart No.	Notices
4401	3642		
4414	3622	INT 400	3642
4484	3622	INT 401	3642
4487	3622	INT 1041	3604
4489	3622	INT 1044	3600
4744	3590	INT 1045	3573
4746	3624	INT 1061	3617
4764	3620	INT 1065	3617
4765	3620	INT 1070	3591
4791	3603	INT 1131	3681
4792	3603	INT 1162	3562
4918	3648	INT 1201	3594
4919	3648	INT 1202	3577
5504	3671	INT 1216	3606
5603_7	3677	INT 1217	3646
5607_2	3598P	INT 1219	3577, 3621
5607_4	3598P	INT 1239	3595T
5607_5	3598P	INT 1297	3662
5607_6	3598P	INT 1298	3662
5607_7	3672	INT 1316	3596T
5608_7	3651	INT 1317	3596T
5609_11	3668	INT 1331	3576P
5609_5	3668	INT 1332	3576P
5611_1	3617		
5611_5	3617		
5613_12	3661		
5614_1	3585		
5614_21	3680		
5616_24	3626T		
5617_7	3627		

图 2-3-1 关系海图索引

	II				
		INDEX OF NOTICES AND CHART FOLIOS			
Notice No.	Page	Admimlty Chart No.	Notice No.	Page	Admimlty Chart No.
3561(P)/23	2.51	95	3618	2.26	25
3562	2.18	10	3619	2.35	63
3563	2.40	81	3620	2.41	79
3564	2.28	50	3621	2.20	10
3565(P)/23	2.45	16	3622	2.33	48, 58
3566	2.29	47	2623	2.37	95
3567	2.25	31	3624	2.41	80, 81
3568	2.25	24	3625(T)/23	2.43	2, 5
3569(T)/23	2.46	25	3626*	2.38	87
3570	2.7	10	3627*	2.11	2, 6
3571	2.29	50	3628	2.41	81
3572*	2.21	9	3629(P)/23	2.47	28
3573*	2.21	9	3630	2.26	29
3574(P)/23	2.49	36	3631	2.32	52
3575*	2.18	10	3632	2.24	16
3576(P)/23	2.44	10	3633	2.24	17

图 2-3-2　航海通告与海图夹号索引

2.查阅图书出版、改正信息

（1）查阅图书的出版信息

例题 2-12：请根据 2023 年第 41 期英版《航海通告》查阅英版《航路指南》NP30 的出版信息。

解析：海图及出版物的出版消息刊印在英版《航海通告》第一部分"注释、出版物一览表"中的"出版物一览表"中，翻到"出版物一览表"第一页，可以找到"Admiralty Charts Affected By the Publication List"，下方有涉及的海图及图书。根据书号 NP30 进行检索，可知没有图书 NP30 的出版信息。

（2）查阅图书的改正信息

例题 2-13：请根据 2023 年第 41 期英版《航海通告》查阅英版《航路指南》NP21 的改正信息。

解析：这一问题的解答，需要对英版航海通告的内容有一定的了解。英版《航路指南》的改正信息在英版《航海通告》第Ⅳ部分"Updates to Admiralty Sailing Directions"，翻到第四部分根据书号进行检索，可以找到相关的改正信息。

例题 2-14：请根据 2023 年第 41 期英版《航海通告》查阅《海员手册》及《世界大洋航路》的改正信息。

解析：《海员手册》及《世界大洋航路》的改正信息包含在英版《航海通告》第七部分"Updates to Miscellaneous Admiralty Nautical Publications"中。《海员手册》书号为 NP100，《世界大洋航路》书号为 NP136，根据书号在第Ⅶ部分中进行检索，可知本期《航海通告》并不涉及

《海员手册》及《世界大洋航路》的改正。

（三）利用英版《航海通告》改正海图

1.海图改正步骤

(1)收取英版《航海通告》

英版《航海通告》是改正英版海图及其他航海资料的依据。因此,必须尽可能及时地取得《航海通告》,以便及时进行海图的改正工作。船舶在到达某一港口前,应提前通知代理,代为索取未曾收到的各期《航海通告》。如在某一港口停留时间较长,亦应注意索取在停留期间新发布的《航海通告》。各期《航海通告》送船后,应检查是否缺期,并在每期通告上注明送船日期及停留港名。

(2)根据"关系海图索引"和海图登记簿查找需要修改的海图图号

将本船"海图登记簿"(表 2-3-1)中的图号与《航海通告》的"关系海图索引"(图 2-3-3)中的图号进行比对,在"关系海图索引"中将涉及本船的海图图号 2293、2675 用 2B 铅笔勾出来,如图 2-3-3 中带圆圈的图号。(注:海图登记簿及关系海图索引仅选取部分内容)

表 2-3-1　船舶英版海图登记簿

图号	比例尺	图名	版本	备注
6	1：750 000	GULF OF ADEN	2013	
1500	1：1 512 000	KODIAK ISLAND TO SEGUAM ISLAND	2015	
1501	1：1 625 000	SEGUAM ISLAND TO ATTU ISLAND	2015	
1800	1：500 000	SOUTH-WEST HOKKAIDO	2022	
1872	1：100 000	DUNKERQUE TO VLISSINGE	2016	
1925	1：200 000	JABAL ZUQAR ISLAND TO STRAITS OF BAB EL MANDEB	2006	
2098	1：40 000	APPROACHES TO PORT OF SUEZ	2009	
2121	1：300 000	ALGERIA AND TUNISIA RAS EL HADID TO ILES CANI	2011	
2122	1：300 000	BIZERTE TO CAPO SAN MARCO	2008	
2123	1：300 000	CAPO GRANITOLA TO CAPO PASSERO	2010	
2124	1：300 000	ISOLA DI LAMPEDUSA TO CAPO PASSERO	2010	
2293	1：1 500 000	KOREA–U.S.S.R.–JAPAN NORTHERN JAPAN AND ADJACENT SEAS	2016	
2347	1：1 500 000	KOREA–JAPAN SOUTHERN JAPAN AND ADJACENT SEAS	2017	
2675	1：500 000	ENGLISH CHANNEL	2019	

II
INDEX OF CHARTS AFFECTED

Admimlty Chart No.	Notices	Admimlty Chart No.	Notices
90	3835T, 3872	2182B	3806
124	3794T	2215	3839T
128	3801	2293	3856P
272	3806	2407	3876
344	3790	2429	3800
345	3814	2613	3831T
351	3847	2636	3833
354	3823	2653	3788
368	3826T	2656	3831T
474	3799T	2662	3788
551	3811	2675	3831T
556	3789P, 3817	2797	3866
707	3861	2851	3861
817	3872	2862	3866
832	3782	2875	3808
881	3787	2876	3808
909	3820	2883	3805
917	3837	2908	3844

图 2-3-3　关系海图索引 (部分内容)

（3）海图卡片的登记

抽出海图 2293、2675 的海图卡片,进行登记。登记时应登记有关通告的年份和通告号码。

（4）海图改正

永久性通告在改正海图时用细尖红墨水钢笔进行,以示醒目;航海通告中的符号和用斜体字印出的文字或缩写原则上都要求填入海图。符号、文字或缩写的填入要严格按照海图图式的规定进行,字体端正、符号清晰正确,不致被人误解。填入的内容所占位置不可掩盖海图上的原有资料;符号在规定位置填画不下时,可移至一边,并用箭头指明其准确位置;被删除的符号或缩写用一红线划掉原内容,表示删除原内容,原内容仍完整可辨。通告中如有"图贴"（Accompanying Block）或者"改正字贴"（Accompanying Note）字样,应将图贴或改正字贴贴在通告指定的地方。进行图贴改正时,粘贴前应将图贴边线剪去再贴到相应海图正确的位置上。由于变形,贴图可能不完全与海图吻合,粘贴时尽可能将影响航行的重要部位对齐。在未涂胶水前将图贴先在海图上对好位置并用铅笔在边框周围点几个点、线做记号,再涂胶水于图贴上,找正贴齐。海图改正结束后,还应在海图小改正处登记通告的年份及通告号。

2.海图改正举例

例 2-15：利用 2023 年第 43 期英版《航海通告》改正海图 2123。

解析：首先找到改正海图的通告（方法见上述"查阅英版海图出版、改正信息"）,通告内容如下：

3838 ITALY－Sicilia－Buoy.

Source：Italian Notice 5.16/23

Chart 2123［previous update 3175/23］WGS-84 DATUM

Insert　　Fl(5)Y.20s ODAS　　　　　　36°43′.3N,14°31′.4E

按照通告要求插入"　Fl(5)Y.20s ODAS"到海图2123上,绘画时注意将符号底边中心小圆置于36°43′.3N,14°31′.4E上,如图2-3-4所示。改正后,应在海图小改正处登记通告的年份和通告号,登记方法同中版海图的改正,如本例在小改正后登记2023-3838,为防止年份被误认为是通告号,可在年份两边加括号,或使年份字体略大于通告号。

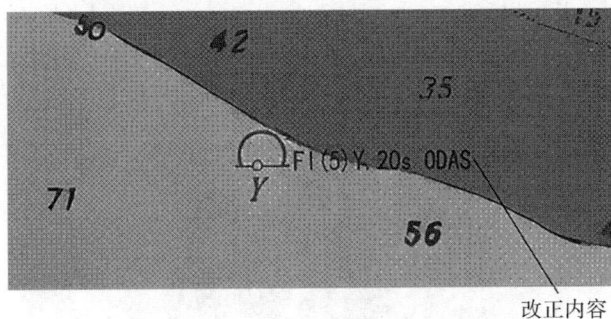

图 2-3-4　海图 2123 改正

例 2-16:利用2023年第41期英版《航海通告》改正海图3480。

解析:首先找到改正海图的通告,内容如下:

3631 KOREA-West Coast-Light.

Source:Korean Notice 32/592/23

Chart 3480 [previous update 3505/23] WGS-84 DATUM

Amend　　range of light to,12M　　　　　　35°59′.5N,126°13′.3E

根据通告中的经纬度在海图上找出需要进行变更的内容,将原内容用两条平行的实线删除,将新内容写在原内容的旁边,本题将灯标射程修正为12M,如图2-3-5圆圈内所示。

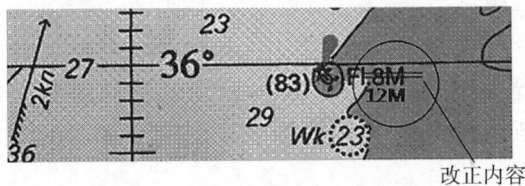

图 2-3-5　海图 2123 改正

上面两个例题涉及了海图最常见的"Insert""Amend"改正方法,在海图改正过程中,还会遇到其他改正情况,下面再举几个改正的例子。

(1)删除海图要素

通告内容如下:

3631 KOREA-West Coast-Light.

Source:French Notice 52/146/14

Chart 1392(INT 2881)[previous update 2397/14] WGS-84 DATUM

Insert　　maritime limit,pecked line,joining　　　(a)6°20′.540N,2 25′.977E

　　　　　　　　　　　　　　　　　　　　（breakwater）

　　　　　　　　　　　　　　　　　　　　（b）6°20′.538N，2°26′.072E

　　　　　　　　　　　　　　　　　　　　（c）6°20′.482N，2°26′.075E

　　　　　　　　　　　　　　　　　　　　（d）6°20′.484N，2 25′.948E

　　　　　　　　　　　　　　　　　　　　（maritime limit）

legend，*Works in progress*（2014），centered on：　　6°20′.497N，2°26′.118E

Delete　charted detail，within：　　　　　　　　（a）~（d）above

　　通告包含三项内容：一是插入海上界线，用虚线连接（a）~（d）四个点；二是插入图例"*Works in progress*（2014）"；三是删除（a）~（d）区域内的海图信息。通告改正的内容如图2-3-6所示。

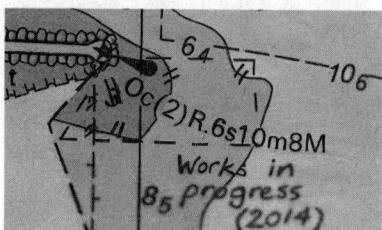

图 2-3-6　删除海图要素示例

　　（2）移动海图要素

　　通告内容如下：

2154 *　　ENGLAND—West Coast—Approaches to the River Dee—Buoy.

Source：　　Trinity House

Chart 1953［previous update 3923/14］ETRS89 DATUM

Move　🔺　Q.G HE3，from：　　　　53°24′.62N，3°12′.78W

to：　　　　　　　　　　　　　　53°24′.55N，3°12′.74W

　　本例的改正内容为将浮标由53°24′.62N，3°12′.78W移动到53°24′.55N，3°12′.74W。改正时，找到原位置的图式和新位置的点，用铅笔画一箭头，箭头从原位置的图式指向新位置的点，如图2-3-7中圈内改正情况。

图 2-3-7　移动海图要素示例

　　（3）替换海图要素

　　通告内容如下：

265　UNITED STATES OF AMERICA-West Coast-New York-Landmark.
　　Light. Legends. Fog Signals. NM Blocks.
Source:ENCs US5NY18M and US5NY19M
Chart 3458〔previous update 5436/14〕NAD83 DATUM

Replace　　　　　　　Old Orchard Shoal Lt（ru），

　　　with　★　Fl.6s20ft4M Old Orchard Shoal　　40°30′.738N,74°05′.923W

本例用灯塔替换塔,找塔的位置后,用灯塔图式代替原来的塔的图式,替换时,可以在原内容上进行修正,也可以将原内容删除,画出新的内容,改正如图2-3-8所示。

图2-3-8　替换海图要素示例

值得一提的是,本次改正巧妙地将灯塔的星形画在它要替换的信标位置的底部,用灯塔的闪光符号覆盖信标的其余部分。

（4）插入管线及其图例

通告内容如下:

2288　　MALAYSIA-Sarawak-Central Luconia Gas Field NE-Submarine pipeline. Legend.
Source：　Marine Department,Sarawak Notice 61(P)/08
Note:Former Notice 3999(P)/08 is cancelled.
Chart 3838〔previous update 1251/14〕WGS-84 DATUM

Insert　　　　submarine pipeline, ─●─●─●─●,joining;　　（a）4°31′.82N,113°03′.923W
　　　　　　　　　　　　　　　　　　　　　　　　　（□）
　　　　　　　　　　　　　　　　　　　　　　　　　（b）4°43′.53N,113°06′.20W
　　　　　　　　　　　　　　　　　　　　　　　　　（□）
legend,Gas(see Note),along:　　　　　　　　　　　　（a）-（b）above

本例在(a)(b)两点之间插入管线 ─●─●─●─●,首先根据经纬度在海图上找到(a)(b)两点,并用 ─●─●─●─● 进行连接,如有必要,为防止遮挡已有的海图信息,管线可适当断开,最后根据要求在(a)(b)两点之间写入图例"Gas (see Note)",如图2-3-9所示。

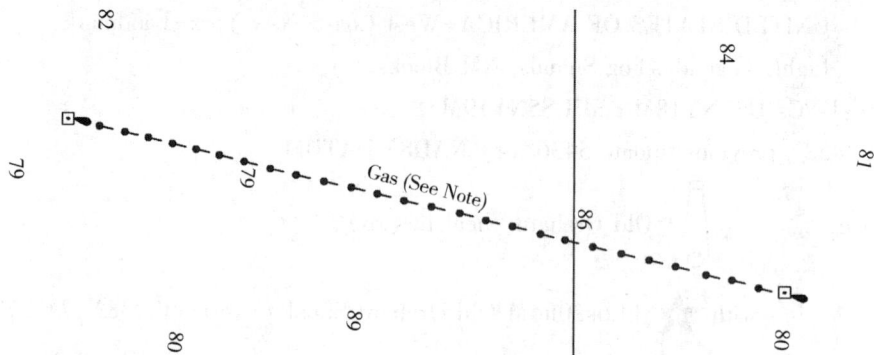

图 2-3-9　插入管线及其图例示例

（5）插入雷康

通告内容如下：

301　　　　ITALY-East Coast-Brindisi-Digadi Punta Riso-Light. Radar beacon.

Source：Italian Notices 23.15-16/14

Chart 1545［previous update 5670/14］WGS-84 DATUM

Insert　　　radar beacon，Racon（B），at light　　　　　　（a）40°39′.774N，17°59′.782W

Amend　　　range of light to，8M　　　　　　　　　　　（a）above

本例需要在灯标上添加雷康，以灯标中心为圆心，画上雷康的圆，使该圆符合 chart5011 的要求，并在其旁边添加"Racon（B）"。本例还需要修正灯标射程至 8 m，改正如图 2-3-10 所示。

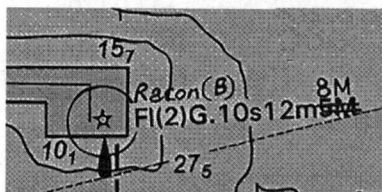

图 2-3-10　插入雷康示例

（6）插入圆形渔礁

通告内容如下：

4360　　　UNITED STATES OF AMERICA-East Coast-Oak Island SW-Fish haven. Legend.

Source：US Coast Guard District 5 LNM 36/11536/14

Chart 3687［previous update 158/14］NAD83 DATUM

Insert　　　circular limit of fish haven，radius 1,500 ft（0.25M），dotted line，

Centered on：　　　　　　　　　　　　　　　　　　（a）33°52′.19N，78°10′.00W

legend，*authorised minimum depth 20 ft*，within　　　　（a）above

本例需要添加圆形渔礁及其图例，方法是以 33°52′.19N，78°10′.00W 为圆心，0.25 n mile 为半径用点、线作一圆形渔礁，并在该位置添加图例"*authorised minimum depth 20 ft*"。绘画渔礁时，如果遮挡现有海图资料，线条可以不连续。改正如图 2-3-11 所示。

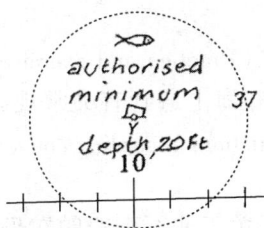

图 2-3-11 插入圆形渔礁示例

（7）图贴（Block）或注意事项（Note）

有时在通告中有诸如"填入附属的注意事项（insert the accompanying note）"或"填入附属的图贴（insert the accompanying block）"等字样。在对此类通告进行改正时，应注意把这种"注意事项"或"图贴"正确地贴在相应的位置上。

通告内容如下：

3796 INDONESIA–Sumatera–NM Block. Well. Light. Submarine pipeline.

Source：Indonesian Notices 4/34/23,5/46/23,5/50/23 and 13/140–141/23

Chart 3921［previous update 4837/22］WGS-84 DATUM

Insert the accompanying block，centered on：　　　　　　　3°42′.4N,98°53′.1E

根据通告的内容，需要插入图贴，首先应根据通告号和海图号，在英版《航海通告》的第二部分最后的图贴中找出改正本海图的图贴，把图贴剪下来，贴到海图相应处进行改正。

二、《航海通告年度汇编》

英版《航海通告年度汇编》（Annual Summary of Notices to Mariners）由英国海道测量局（UKHO）出版，每年的一月份出版一次。《航海通告年度汇编》共两册，每册包含两项内容。

（一）英版《航海通告年度汇编》第一册［NP247（1）］

英版《航海通告年度汇编》第一册包含两项内容：

1.年度通告（Annual Notices to Mariners）

年度通告一般有 26 个，分别为：

第 1 号通告为英版《潮汐表》的一般信息（Admiralty tide tables—general information. The addenda and corrigenda previously contained in this annual notice to mariners have been transferred to the weekly notices to mariners，section Ⅶ）。

第 2 号通告为英版海图及出版物供应商一览表（Suppliers of admiralty charts and publications）。

第 3 号通告为英国商船在和平、紧张或冲突时期的安全（Safety of British merchant ships in periods of peace，tension or conflict）。

第 4 号通告为船舶与飞机的海上遇险及救助（Distress and rescue at sea-vessels and aircrafts）。

第 5 号通告为军事演习及演习区（Practice and exercise areas）。

第 6 号通告为雷区、已扫航路及在海上遇到有关常规武器和化学武器的工作要求（Mined dangerous area，cleared routes and instructions regarding conventional and chemical munitions picked up at sea）。

第 7 号通告为英国及俄罗斯联邦关于非军事船舶在恐怖水域外防止事故的有关协定（United Kingdom and Russian Federation-agreement on prevention of incidents at sea beyond territorial waters-implication for non-military vessels）。

第 8 号通告为与潜艇有关的信息（Information concerning submarine）。

第 9 号通告为航海信息：海图重要信息的选择与颁布的有关原则（Hydrographic information：policy for the promulgation and selection of navigationally significant information for Charts）。

第 10 号通告为在英国水域进行布雷及举行遭遇水雷演习的有关规定（Mine-laying and mine counter measures exercise-water around British Isles）。

第 11 号通告为英国沿海的可再生能源发展——风力发电设备介绍（United Kingdom-offshore renewable energy development-wind turbines）。

第 12 号通告为国家对海洋管辖权的要求（National claims to maritime jurisdiction）。

第 13 号通告为无线电航海警告服务和世界气象组织（World-wide navigational warning service and World Meteorological Organization）。

第 14 号通告为国际航标组织关于突发沉船标示浮标的有关规定（IALA emergency wreck marking buoy）。

第 15 号通告为基于海图水深和预报潮汐的富余水深、负潮高警告服务和垂直净空高度的介绍［Under-keel allowance（reliance on chart and prediction tides），negative surge warning service，vertical clearance height］。

第 16 号通告为具有历史意义、危险沉船及军事沉船位置的保护（Protection of historic，dangerous and military wreck sites）。

第 17 号通告为在英版海图上标示出来的分道通航制信息（Traffic separation schemes-information concerning schemes shown on admiralty Charts）。

第 18 号通告为海图及航海图书资料的配备（Carriage of nautical Charts and nautical Publications-regulation）。

第 19 号通告为全球导航卫星系统位置、水平基准和位置偏移（Global navigation satellite system positions，horizontal datums and position shifts）。

第 20 号通告为强制性扩大检查——欧盟指令 2009/16/EC（Mandatory expanded inspections-EU directive 2009/16/EC）。

第 21 号通告为加拿大有关海图与出版物的规则（Canadian charts and nautical publications regulation）。

第 22 号通告为美国政府关于航海、海图及航行出版物有关的航行安全法规（US navigation

safety regulations relating to navigation, charts and publications)。

第 23 号通告为高速船(High speed craft)。

第 24 号通告为海底电缆与管线及与之有关的危险及避险知识等(Submarine cables and pipelines—avoidance of and associated dangers)。

第 25 号通告为电子海图简介,包括 ENC 和 ECDIS 电子海图的使用指南及其局限性(Electronic navigational charts—guidance on the use and limitations of ENC and ECDIS system)。

第 26 号通告为海洋环境高危区(Marine environmental high risk area)。

上面的 26 个通告在不同年份的英版《航海通告年度汇编》中可能会发生一些微小的变化,也可能会出现一些通告空缺的现象,如 2021 年英版《航海通告年度汇编》第一册中只有第1、2、3、5、10、12、19、20、21、22、23、26 号通告,其他通告为空缺(Number not used)。

2.临时性通告和预告汇编(Temporary and Preliminary Notices)

对至本年度 1 月 1 日前仍有效的临时性通告和预告进行汇编重印。

(二)英版《航海通告年度汇编》第二册[**NP247(2)**]

英版《航海通告年度汇编》第二册包含两项内容:

1.《航路指南》相关资料汇编

(1)现行版英版《航路指南》一览表。
(2)英版《航路指南》改正汇编。
对至本年度 1 月 1 日前仍有效的《航路指南》改正的通告加以汇编重印。

2.其他英版航海图书相关资料汇编

(1)现行版其他英版航海图书一览表。
(2)其他英版航海图书的改正汇编。
对至本年度 1 月 1 日前仍有效的其他英版航海图书改正的通告加以汇编重印。

三、《航海通告累积表》

英版《航海通告累积表》(Admiralty Accumulative List of Notices to Mariners)是对某一段时期以来的各期《航海通告》进行汇编印刷的一种图书资料。它在航海中有着广泛的应用。《航海通告累积表》的书号为 NP234A/B,每年在 1 月和 7 月各出版一次。其主要内容有:

(一)说明

以 2023 年 1 月出版的英版《航海通告累积表》为例,做如下说明:

海图编号是指 Admiralty 系列中的航用海图,包括澳大利亚、新西兰和日本海图(分别用前缀 AUS、NZ 和 JP 表示)。

本书引用的海图版本日期表示当前版本的出版月份和年份。该海图的出版情况是以新图或新版的形式发布的(相关日期在海图的底部外页边距中给出)。版本日期早于本列表中引用日期的图表不再有效,应重新购置。最新出版的新海图和新版不包括在本列表中,直到周版《航海通告》宣布出版。除采用的澳大利亚、新西兰和日本海图外,公告日期与海图上印刷的版本日期一致,采用澳大利亚、新西兰和日本海图的版本日期表示生产国的出版日期,而不是采用日期。

每张海图引用的航海通告是过去两年内发布的,其中粗体数字表示通知发布的期(周)数。由于航海人员不太容易获得早期航海通告的副本,因此过期较长时间的海图应由海图经销商更换或更新。如果海图在过去 2 年内没有发布任何更新通知,则引用影响相关海图的最新通告。

本书中省略了通常不会由英版航海通告更新的海图,也不包括临时通知和预告。

本书载有现行航海出版物清单,详细信息也每季度发布在英版周版《航海通告》。

(二)所有永久性通告索引

所有永久性通告索引载有所有现行的英版海图,包括澳大利亚版、新西兰版及日本版海图的图号和近两年来改正该海图的所有通告及发布年份。正文内容中共有 3 栏,分别为海图编号(Chart No.)、出版日期(Edition)和航海通告(Notices to Mariners)。其中粗体数字表示航海通告发布的年份和期号,正体字表示通告的项目编号。利用该部分核查海图的登记卡和小改正处是否有漏登、漏改的情况。该部分内容可以与航海通告中的"上一次改正"(Previous Update)配合使用,以防通告的漏登、漏改。

(三)现行的航海出版物(Current Nautical Publications)

现行的航海出版物(Current Nautical Publications)对现行航海图书资料的版本及出版日期予以说明。用户可根据该部分内容核查船存资料的适用性,了解航海资料的更新情况,及时购买,以保证船舶的资料始终处于最新。

第四节   中版航海图书资料的改正

航海图书资料是船舶为保证航行安全必须配备的。航海图书资料出版以后,其描述的海区的事物总在不断变化。为了能表明变化了的情况,必须及时对它们进行改正。本节主要介绍中版航海图书资料的改正。

一、中版《航海图书目录》的改正

为使中版《航海图书目录》的资料保持最新,需要利用中版《航海通告》的有关内容对其及时进行改正。

（一）对海图撤废情况的改正

（1）仔细阅读中版《航海通告》第Ⅰ部分的"图书消息"，找出有关海图撤废情况的通告。

（2）根据所涉及的海图图号，查阅中版《航海图书目录》中的"航海图图号索引"，确定该海图的有关资料所在的页数。

（3）翻至该页，找到该图的有关资料并用红笔将其勾掉，同时在右页将该海图的图框勾掉，然后回到"航海图图号索引"部分，划掉撤废海图的相关内容，并在书末航海通告改正登记表中登记改正时间、通告期数及备注的内容，如表2-4-1所示。

表 2-4-1　航海通告改正登记表

改正时间 Date of Correction	通告期数 Weekly No.	备注 Remarks

（二）对海图新出版的改正

（1）仔细阅读中版《航海通告》第Ⅰ部分的"图书消息"，找出有关海图出版情况的通告。

（2）根据海图所覆盖的范围，查阅"中国海区分区索引"部分，找出该海图所在的海区数字。

（3）翻至该页，在左半页按海图图号的顺序填入表格中所需填入的内容，如图号、图名、比例尺、出版年月等。

（4）在该页的右半页按海图覆盖的经纬度范围，在相应位置填入海图的四边，填入图号。

（5）翻至"航海图图号索引"处，按海图图号的顺序填入表格中所需填入的内容。

（三）对海图改版的改正

（1）仔细阅读中版《航海通告》第Ⅰ部分的"图书消息"，找出有关海图改版情况的通告。

（2）根据涉及的图号，查阅中版《航海图书目录》中的"航海图图号索引"，确定该海图的有关资料所在的页数。

（3）翻至该页，找到该图的有关资料并用红笔将其改版日期按通告内容进行修改，并在航海通告改正登记表中进行登记。

（四）对图书资料改版情况的改正

（1）仔细阅读中版《航海通告》的第Ⅰ部分的"图书消息"，找出有关图书资料新版情况的通告。

（2）根据所涉及的图书资料书号，查阅航海书表，找到涉及的书表。

（3）用红笔将其改版时间按通告内容进行修改，并在航海通告改正登记表中进行登记。

二、《中国航路指南》的改正

（一）改正资料

（1）最新版的补篇。《中国航路指南》一般每 5 年改版一次，并视情况编制补篇，新补篇包括前期补篇中的保留部分。新补篇出版后，前期补篇即行作废。

（2）中版《航海通告》的第四部分——航海书表改正。

（二）改正方法

（1）根据中版《航海通告》的第Ⅳ部分，查取针对《中国航路指南》的改正资料。

（2）把有关资料按卷别装订成册，最新资料在最上面，便于查阅。

（3）根据改正资料中提到的卷名、卷别及改正页数，在相应的《航路指南》中找到应改正的部分。

（4）在该部分中用铅笔加注"C/NM××"，表明该资料已由第××期通告予以改正。

对于来自补篇的改正资料，可在改正内容附近加注"C/S××"，表示该资料已由第××期补篇予以改正。

（三）《中国航路指南》改正的注意事项

（1）不要把改正资料贴入《航路指南》内进行改正，因为这些资料在不久后将在补篇中印出。若把这些资料贴入《航路指南》中，今后使用时将会很不方便。

（2）在改正过程中，注意不要改错卷别或把新资料改到旧版上去。

三、中版《航标表》的改正

中版《航标表》利用中版《航海通告》的第Ⅳ部分改正。其改正资料如图 2-4-1 所示。各卷改正的起始通告在每卷的前言中都有注明，在改正时应按此提示进行，不得出现有漏改的情况。

《航标表》在改正时可按如下方法进行：

（1）把中版《航海通告》的第Ⅳ部分中的"灯标表的改正"剪下来，并按卷别正确分卷。

（2）改正内容中，"…"代表该栏原内容不变，"–"代表删去该栏原有内容。改正时，把各通告的改正内容剪成细长的贴条，并根据通告中提及的航标编号，翻至该航标所在的页数。

（3）把贴条贴在相应的编号上。属于插入新编号的，该贴条应贴在两个相邻的编号之间。注意各栏对齐，且不要贴死原资料，应保留原资料可见。

（4）改正完毕后，应在书前的改正记录表中进行登记，表示改正完成，登记内容为改正日

南海航标表　　　G103/2022

4033.033	汕头海湾大桥3号桥涵标 Shantou Hai wan Bridge No 3 Opening	23 19.9N 116 44.7E	定绿		标牌为白色正方形底，上漆两平行上下绿色箭头	双向通航桥孔中央标雷达应答器
4033.034	汕头海湾大桥4号桥涵标 — No 4	23 19.9N 116 44.7E	定绿		标牌为白色正方形底，上漆两平行上下绿色箭头	双向通航桥孔中央标

图 2-4-1 《航标表》改正资料

期及改正《航海通告》的期数。

四、中版《无线电信号表》的改正

中版《无线电信号表》利用中版《航海通告》的第Ⅳ部分改正。《无线电信号表》中无线电通信部分，改正内容左边一栏和中间一栏为改正内容所处的位置，即页码和行数；右边宽栏内为改正内容；其余部分，改正内容栏中的"…"代表该栏原内容不变，"–"代表删去该栏原有内容，改正方法同《航标表》的改正。

第五节　英版航海图书资料的改正

一、英版《海图及航海出版物目录》的改正

为使英版《海图及航海出版物目录》(Catalogue of Admiralty Charts and Publications)的资料保持最新，需要利用英版《航海通告》等有关内容对其及时进行改正。改正时，应注意查看该书"Directions for Updating This Volume"部分，其中列明了该书更新的最新日期。如在 2021 年版的《海图及航海出版物目录》中，有如下说明："This edition of the Catalogue of Admiralty Charts and Publications is correct to October 2020 and the addendum brings the catalogue up to the date of publication for changes occurring during production."这表明该书已改正至 2020 年 10 月，且出版期间发生的信息变更用补遗表进行改正。

（一）利用该书的补遗表（Addendum）进行改正

由于该书在搜集资料至出版前的一段时间内，有关资料已经发生了变化。为了便于用户的准确使用，英国海道测量局（UKHO）又对该书出版期间的一些改正信息增加了补遗表。在

用户购买该书时,补遗表随书夹带。为了防止在日常工作中丢失补遗表,在收到补遗表后应尽快根据补遗表对该资料进行改正,同时妥善保管补遗表。

（二）利用英版《航海通告》进行改正

1.对海图撤废的改正

（1）仔细阅读英版《航海通告》的第Ⅰ部分的有关内容,找出有关海图撤废情况的通告。

（2）根据涉及的图号,查阅"第八部分"的"Numerical Index"中的"航用海图索引（Standard Nautical Charts）",找出该海图的有关资料所在页数。

（3）翻至该页,找到该图的有关资料并用红笔将其勾掉,同时在右页将该海图的图框勾掉,并注明"通告××期删除"。

（4）在"航用海图索引"中,把该海图的图号和页码删除。

2.对海图出版的改正

（1）仔细阅读英版《航海通告》的第Ⅰ部分的有关内容,找出有关海图出版情况的通告。

（2）根据涉及的海图所覆盖的范围,查阅"英版海图分界索引图（Limits of Admiralty Charts Indexes）",找出该海图的有关资料所在字母页数。

（3）翻至该页,画出该图的框架并注上图号,同时在该页的左页按海图图号的顺序添上有关资料,并注明"通告××期增加"。

（4）在"航用海图索引"中,按海图图号顺序增加该海图的图号和页码。

3.对海图新版情况的改正

（1）仔细阅读英版《航海通告》的第Ⅰ部分的有关内容,找出有关海图新版情况的通告。

（2）根据涉及的图号,查阅"第八部分"的"Numerical Index"中的"航用海图索引（Standard Nautical Charts）",找出该海图的有关资料所在页数。

（3）翻至该页,找到该图的有关资料并用红笔将其新版日期按通告内容进行修改,并注明"通告××期新版"。

4.对图书资料新版情况的改正

（1）仔细阅读英版《航海通告》的第Ⅰ部分的有关内容,找出有关图书资料新版情况的通告。

（2）根据所涉及的图书资料书号,查阅"第四部分"的"英版航海图书"（Navigational Publications）",找出该图书资料所在页数。

（3）翻至该页,找到该图书资料并用红笔将其新版日期按通告内容进行修改,并注明"通告××期新版"。

5.改正登记

利用英版《航海通告》改正后,需要在《海图及航海出版物目录》中的"DIRECTIONS FOR

UPDATING THIS VOLUME"登记各期《航海通告》被改正的日期,如表 2-5-1 所示。

表 2-5-1 改正登记表

WEEKLY NO.	DATE UPDATED	WEEKLY NO.	DATE UPDATED
41/20		21/21	
42/20		22/21	
43/20		23/21	
44/20		24/21	
45/20		25/21	
46/20		26/21	
……		……	

二、英版《航路指南》的改正

(一)英版《航路指南》的改正资料

(1)英版《航海通告》的第Ⅳ部分——英版《航路指南》的改正。

(2)下列资料也可以帮助改正英版《航路指南》。

英版《航海通告年度汇编》第二部分"至本年度 1 月 1 日前仍有效的针对英版《航路指南》改正的通告的重印"。该部分可供读者了解针对各卷《航路指南》的改正资料的发布情况。可用于校对各卷《航路指南》的改正资料是否有漏登的情况。

《航海通告》季末期中的针对《航路指南》改正的"通告一览表",可供读者了解仍有效的改正《航路指南》的资料。

(二)英版《航路指南》的改正要点

本处所讲的改正方法主要是针对英版《航海通告》的第Ⅳ部分来说的。有关《航路指南》的改正在英版《航海通告》的第Ⅰ部分"注释"中会有说明,现将其改正要点介绍如下:

(1)根据英版《航海通告》的第Ⅳ部分,查取针对英版《航路指南》的改正资料。

(2)把有关资料按卷别装订成册,最新资料在最上面,便于查阅。

(3)根据改正资料中提到的卷名、卷别及改正页数,在相应的《航路指南》中找到应改正的部分。

(4)在该部分中用铅笔加注"C/NM××",表明该资料已由第××期通告予以改正。

对于来自补篇的改正资料,可在改正内容附近加注"C/S××",表示该资料已由第××期补篇予以改正。

(三)英版《航路指南》改正的注意事项

由于英版《航路指南》的改正与其他资料的改正方法有很大的不同,改正时极易混淆而造

成不便。因此,在对英版《航路指南》进行改正时应注意下列事项:

(1)不要把改正资料贴入《航路指南》内进行改正。若把这些资料贴入《航路指南》中,在今后使用时将会很不方便。

(2)注意及时对照季末期《航海通告》中的"通告一览表",抽出以前装订起来的通告中失效的通告。

(3)在改正过程中,注意不要改错卷别或把新资料改到旧版上去。

三、英版《灯标与雾号表》的改正

(一)改正方法

(1)英版《灯标与雾号表》的改正资料来源于英版《航海通告》的第Ⅴ部分。

(2)新购入的英版《灯标与雾号表》到船后应先了解该卷改正的起始时间,以保证改正的连续性。

(3)仔细阅读英版《航海通告》的第Ⅴ部分,根据该部分改正资料上所注明的卷别和编号,正确分卷。

(4)将改正资料剪成细长的贴条,并将贴条按编号顺序粘贴在相应的编号上,各栏对齐,且不要贴死原资料,保留原资料可见。

(5)改正完毕后,在封里的改正登记表(Record of Updates)中做好登记。

(二)改正注意事项

(1)《航海通告》到船后,千万不要把新的改正资料贴到旧版本的英版《灯标与雾号表》中。

(2)有关各卷的出版消息需查阅英版《航海通告》的第Ⅰ部分,一旦有新版出版,应马上购买。

(3)具体改正时的第一次改正的记录应填到"新版的第一次改正处(New Edition First Updates)"。此后的改正记录按其下的表格顺序填写。

四、英版《无线电信号表》的改正

英版《无线电信号表》各卷的改正方法大致相同。它们的改正资料均来自英版《航海通告》的第Ⅵ部分。有关各卷的改正方法可按照各卷前面的"改正指导"(Directions for Updating This Volume)进行改正。

(1)英版《无线电信号表》的改正资料来源于英版《航海通告》的第Ⅵ部分。

(2)新购入的英版《无线电信号表》到船后应先了解该卷改正的起始时间,以保证改正的连续性。

(3)较大的改正可以采取将改正内容剪下并贴在《无线电信号表》需要改正的内容上面的方式进行;较小的改正可以直接用红笔进行手写改正。

(4)改正结束后,应在"改正登记表(Record of Updates)"中按各期《航海通告》的改正时间予以登记,第一次改正的记录应填到"新版的第一次改正处(New Edition First Updates)"。此后的改正记录按其下的表格顺序填写。

(5)改正内容的后面应加注通告的期号以便日后对照检查。

五、《世界大洋航路》的改正

(一)改正资料

(1)英版《航海通告》的第Ⅶ部分。

(2)下列资料也可以帮助改正《世界大洋航路》。

英版《航海通告年度汇编》第二部分"至本年度 1 月 1 日前仍有效的针对英版《世界大洋航路》改正的通告的重印"。该部分可供读者了解《世界大洋航路》的改正资料的发布情况,可用于校对《世界大洋航路》的改正资料是否有漏改的情况。

《航海通告》季末期中的针对《世界大洋航路》改正的"仍有效的通告一览表",可供读者了解仍有效的改正《世界大洋航路》的资料。

(二)改正方法

《世界大洋航路》的改正参考上述英版《航路指南》的改正方法。

思考与练习

一、海图识读

1.写出下列中版海图图式表示的意义

海图图式			#	⚙碍
表示意义				

海图图式		⊙ 雷康(K)		
表示意义				

2.写出下列英版海图图式表示的意义

海图图式			*F o u l*	*Obstn*
表示意义				

海图图式		⊙ Racon(Z)		
表示意义				

二、利用《航海通告》查阅航海图书资料改正信息

1.利用中版《航海通告》(2008 年第 1 期)查阅航海图书资料改正信息

(1)海图 11519 上一次改正的通告号为_____。
(2)海图 11963 上一次改正的通告号为_____。
(3)海图 11963 上一次改正的通告号为_____。
(4)海图 11963 上一次改正的通告号为_____。

2.利用英版《航海通告》(2020 年第 52 期)查阅航海图书资料改正信息

(1)海图 2124 本次应改正的通告号为_____上次应改正的通告号为_____。
(2)海图 3666 本次应改正的通告号为_____上次应改正的通告号为_____。
(3)6175 号通告涉及的海图有_____
(4)英版《航路指南》第 19 卷改信息所在的页数_____。
(5)英版《航路指南》第 56 卷改信息所在的页数_____。
(6)英版《灯标与雾号表》第 75 卷改信息所在的页数_____。
(7)英版《灯标与雾号表》第 83 卷改信息所在的页数_____。
(8)英版《无线电信号表》第 2 卷改信息所在的页数_____。
(9)英版《无线电信号表》第 6 卷改信息所在的页数_____。
(10)临时性通告和预告性通告所在的页数_____。
(11)航海图书资料出版及作废信息所在的页数_____。

3.利用英版《航海通告》(2021 年第 13 期)查阅航海图书资料改正信息

(1)海图 3026 本次应改正的通告号为＿＿＿＿＿＿＿＿＿＿＿＿上次应改正的
通告号为＿＿＿＿＿＿＿＿＿＿＿。

(2)海图 4806 本次应改正的通告号为＿＿＿＿＿＿＿＿＿＿＿＿上次应改正的
通告号为＿＿＿＿＿＿＿＿＿＿＿。

(3)1315 号通告涉及的海图有＿＿＿＿＿＿＿＿＿＿＿＿＿＿＿＿＿。

(4)英版《航路指南》第 27 卷改信息所在的页数＿＿＿＿＿＿＿＿＿＿＿＿。

(5)英版《航路指南》第 71 卷改信息所在的页数＿＿＿＿＿＿＿＿＿＿＿＿。

(6)英版《灯标与雾号表》第 75 卷改信息所在的页数＿＿＿＿＿＿＿＿＿＿。

(7)英版《灯标与雾号表》第 82 卷改信息所在的页数＿＿＿＿＿＿＿＿＿＿。

(8)英版《无线电信号表》第 2 卷改信息所在的页数＿＿＿＿＿＿＿＿＿＿。

(9)英版《无线电信号表》第 3 卷改信息所在的页数＿＿＿＿＿＿＿＿＿＿。

(10)临时性通告和预告性通告所在的页数＿＿＿＿＿＿＿＿＿＿＿＿＿＿。

(11)航海图书资料出版及作废信息所在的页数＿＿＿＿＿＿＿＿＿＿＿＿。

4.利用英版《航海通告累积表》查阅信息

(1)英版《航路指南》第 19 卷现行版本的年份＿＿＿＿＿＿＿＿＿＿＿＿。

(2)英版《航路指南》第 60 卷现行版本的年份＿＿＿＿＿＿＿＿＿＿＿＿。

(3)英版《灯标与雾号表》第 75 卷现行版本的年份＿＿＿＿＿＿＿＿＿＿。

(4)英版《灯标与雾号表》第 82 卷现行版本的年份＿＿＿＿＿＿＿＿＿＿。

(5)英版《无线电信号表》第 2 卷现行版本的年份＿＿＿＿＿＿＿＿＿＿。

(6)英版《无线电信号表》第 4 卷现行版本的年份＿＿＿＿＿＿＿＿＿＿。

(7)海图 127 最近一次永久性改正的通告号＿＿＿＿＿＿＿＿＿＿＿＿。

(8)海图 3365 最近一次永久性改正的通告号＿＿＿＿＿＿＿＿＿＿＿＿。

5.回答问题:英版《航海通告年度摘要(汇编)》第一册 NP247(1)和第二册 NP247(2)分别包含哪些内容?

＿＿＿＿＿＿＿＿＿＿＿＿＿＿＿＿＿＿＿＿＿＿＿＿＿＿＿＿＿＿＿
＿＿＿＿＿＿＿＿＿＿＿＿＿＿＿＿＿＿＿＿＿＿＿＿＿＿＿＿＿＿＿
＿＿＿＿＿＿＿＿＿＿＿＿＿＿＿＿＿＿＿＿＿＿＿＿＿＿＿＿＿＿＿

三、海图改正(船存海图为实训室海图)

1.利用中版《航海通告》(2008 年第 1 期)改正中版海图

(1)需要改正的海图有＿＿＿＿张,具体图号:

＿＿＿＿＿＿＿＿＿＿＿＿＿＿＿＿＿＿＿＿＿＿＿＿＿＿＿＿＿＿＿
＿＿＿＿＿＿＿＿＿＿＿＿＿＿＿＿＿＿＿＿＿＿＿＿＿＿＿＿＿＿＿

(2)简要说明各海图的改正内容,并在海图上完成改正。

_____

_____

_____

_____

_____

2.利用英版《航海通告》(2020年第52期)改正英版海图

(1)需要改正的海图有_____张,具体图号:

_____

_____

(2)简要说明各海图的改正内容,并在海图上完成改正。

_____

_____

_____

_____

_____

_____

3.利用英版《航海通告》(2021年第13期)改正英版海图

(1)需要改正的海图有_____张,具体图号如下:_____

_____

_____

(2)简要说明各海图的改正内容,并在海图上完成改正。

_____

_____

_____

_____

_____

_____

_____

第三章

航迹绘算

航迹绘算(Track Plotting)是根据船舶航行时的罗航向、计程仪读数差、航行海区的风流要素等,在海图上运用几何作图的方法,直接推算出船舶的航迹和船位的方法;或者是在海图上,根据计划航线、预配风流压差,通过几何作图的方法求得船舶应驶的罗航向和推算船位的方法。

在实际工作中,不能因为风流因素和操纵因素不好掌握,而忽视航迹推算工作。正确的方法应该是将航迹推算作为观测船位的重要补充。通过查阅有关航海资料和船舶资料,尽可能准确估计推算过程中的风流因素和操纵因素的影响;正确修正计程仪误差;提高航迹绘算作图的熟练程度;随时将推算船位与观测船位或航海仪器测得的船位进行比较,提高航迹绘算的精度。

第一节　船舶定位

航迹推算工作应在船舶驶离港口引航水域或者港界,定速航行并获得准确观测船位后开始。获得准确的初始观测船位,有助于提高航迹绘算的精度。绘算过程中获得准确船位,有助于判断船舶偏离计划航线的情况。目前,获得准确观测船位的方法可以分为两类:一是通过全球卫星导航系统直接获得船位的经纬度;二是通过观测外界物标方位、距离,获得两条或两条以上的船位线或位置线,通过位置线相交获得准确观测船位。

一、利用卫星导航系统标绘观测船位

卫星导航系统可为全球用户提供全天候、高精度、连续、近于实时的定位、导航与授时服务。目前,可供商船使用的卫星导航系统主要有中国的北斗导航卫星系统(BDS)、美国的全球定位系统(GPS)、俄罗斯的格洛纳斯导航卫星系统(GLONASS)和欧盟的伽利略导航卫星系统(Galileo)。

GPS 于 1995 年 4 月全面投入运行。其供民用的 CA 码定位精度为 20~30 m。目前,民用 GPS 的实际定位精度已远超其公布值。根据美国政府 GPS 官网 2016 年的数据显示,其水平位置精度优于 3 m,授时精度优于 40 ns(95% 置信度)。GLONASS 于 1995 年 12 月建成,采用了军民合用、不加密的开放政策,定位精度 10~20 m。由于其发展缓慢,目前民用市场十分有限。Galileo 由欧盟主导,其免费的公共服务可提供水平方向 4~15 m 的位置精度,授时精度 50 ns。

BDS 于 2000 年开始建设。2020 年 6 月 23 日,BDS 最后一颗组网卫星发射成功。BDS 是中国着眼于国家安全和经济社会发展需要,自主建设运行的全球卫星导航系统,是为全球用户提供全天候、全天时、高精度的定位、导航和授时服务的国家重要时空基础设施。相比其他卫星导航系统,BDS 有着诸多优势:空间段采用三种轨道卫星组成的混合星座,与其他卫星导航系统相比高轨卫星更多,抗遮挡能力强,尤其低纬度地区性能优势更为明显;BDS 提供多个频点的导航信号,能够通过多频信号组合使用等方式提高服务精度;BDS 创新融合了导航与通信能力,具备定位导航授时、星基增强、地基增强、精密单点定位、短报文通信和国际搜救等多种服务能力。BDS 提供服务以来,已在交通运输、农林渔业、水文监测、气象测报、通信授时、电力调度、救灾减灾、公共安全等领域得到广泛应用,服务国家重要基础设施,产生了显著的经济效益和社会效益。BDS 是中国走上自主创新发展道路的硕果之一。BDS 的建设实践,走出了在区域快速形成服务能力、不断扩展为全球服务的中国特色发展路径,丰富了世界卫星导航事业的发展模式。在定位方面,BDS 民用免费用户的定位精度可优于 10 m。

船舶卫星导航仪可以直接获得观测船位的经纬度。图 3-1-1 所示为 KGP-913 型 GPS 卫星导航仪显示的卫星船位。航迹绘算时,可将卫星船舶直接标绘于海图上,标绘船位经纬度的方法已在第一章第一节阐述。

二、观测物标方位和距离获得观测船位

(一)方位和距离的测定

1.方位的测定

观测物标方位主要有两种方法:利用磁罗经或陀螺罗经测量物标的方位和利用雷达观测物标方位。

图 3-1-1　KGP-913 型 GPS 卫星导航仪显示的卫星船位

（1）利用磁罗经或陀螺罗经观测物标方位

利用磁罗经或陀螺罗经观测物标方位是测量物标方位最基本的方法，测量时应按以下步骤进行。

①选择观测物标

选择定位陆标应注意把握以下原则：

a.尽可能选择海图上精确测绘的、显著易辨的物标，如灯塔，孤立的岛屿，显著的建筑物，陡峭的岬角，以及海图上标有⊙、▫、△等测控点符号的山峰等。

b.尽可能选择离船近的物标。

c.尽可能选择使方位线交角合适的物标。两方位定位时应使方位线的夹角接近 90°，三方位定位时应使方位线的夹角接近 120°。

②观测方法

在使用罗经观测陆标时首先要选择好测量点，其次要注意观测方法和观测次序。

a.选好测量点。选好定位物标以后，为了提高观测的精度，我们要选择合适的测量点。一般小的孤立的物标，如灯塔、孤立的小岛等，应选择其中心作为测量点；而一般的物标，如岬角和陡峭的海岸等，应选择突出的位置，如向海的一面等，作为测量点。另外，选择测量点时，一定要对照海图上的相应点进行比较，确定最合适又不易弄错的点为测量点。这样测得的方位的可信度要高一些。

b.观测时应注意的事项。观测时除应注意视线准确地与测量点相切外，还要选择有利的观测时机，特别是船舶摇摆时，要等船回到正平时，快速测量。另外，测两物标或三物标的时间间隔不能太长。这就要求观测者熟练、动作要迅速，并且观测之前要做好充分的准备。因此，航海人员平时有机会要经常练习，提高自身的观测技能。读取观测值时，一般要求精确到 0.2°，但实际上精确到 0.5°，即最小刻度的一半就可以了。为了提高所定船位的精度，观测物标方位时要注意观测的次序。一般应按下述次序进行：

"先慢后快"，即先测方位变化慢的（如艏艉方向附近）物标；后测方位变化快的（如船正横方向附近）物标。

夜间"先难后易"，即先测难以测到的，如弱光灯、周期长的灯标；后测较容易观测的，如强光灯、周期短的灯标。

（2）利用雷达测量物标方位

①选择观测物标

雷达定位物标的选择依据是：

a.选择孤立易辨的物标,如近距离孤立小岛、岩石、岬角、突堤、孤立灯塔、雷达航标等。这些物标的回波图像稳定、亮而清晰、容易辨认。应尽量避免使用回波可能严重变形或位置难以在海图上确定的物标,如平坦的岸线、斜缓的山坡、附近有建筑物的灯塔等。

b.选择海图上位置确定的物标。物标回波的位置应能与海图上的物标位置准确对应。避免有些回波观测完后,在海图上难以找到相应的物标。

c.选择能使位置线交角合适的物标。一般两物标定位时应能使位置线的交角接近90°,三物标定位时,应能使位置线的交角接近120°。

d.应根据推算船位来选择离船较近的符合上述条件的物标。

②观测方法

a.应选择合适的量程,使目标显示于约 1/3~2/3 扫描线区域。

b.应选择近而可靠的物标。

c.要正确调节各控钮,减少图像变形(如"角向肥大"等)。

d.测点物标时,应测回波的中心。测横向岬角、突堤时,应测回波的边缘,使电子方位线与物标"同侧外缘"相切,并修正雷达方水平波束宽度的影响。

e.测量的先后次序应是先首尾方向后正横方向。

f.船摇摆时应伺机测定,即把住舵待船身回正时快测。

2.距离的测定

距离的测定主要有两种方法:利用六分仪测量物标垂直角或水平角求距离和利用雷达观测物标距离。利用物标垂直角或水平角求距离的方法已经较少使用,这里主要介绍利用雷达观测物标距离。

（1）选择观测物标

雷达定位物标的选择依据是：

①选择孤立易辨的物标,如近距离孤立小岛、岩石、岬角、突堤、孤立灯塔、雷达航标等。这些物标的回波图像稳定、亮而清晰、容易辨认。应尽量避免使用回波可能严重变形或位置难以在海图上确定的物标,如平坦的岸线、斜缓的山坡、附近有建筑物的灯塔等。

②选择海图上位置确定的物标。物标回波的位置应能与海图上的物标位置准确对应。避免有些回波观测完后,在海图上难以找到相应的物标。

③选择能使位置线交角合适的物标。一般两物标定位时应能使位置线的交角接近90°,三物标定位时,应能使位置线的交角接近120°。

④应根据推算船位来选择离船较近的符合上述条件的物标。

（2）距离的观测

①雷达测距离的精度与下列因素有关：

a.回波影像。应正确调节有关旋钮,特别是辉度、增益和调谐三个旋钮,使回波饱满清晰。

光点直径不要太大,弱回波亦不丢失。

b.距标圈。应经常核对确认活动距标圈测距的准确性。此时可与固定距标圈比对或其他雷达测距读数比对。

c.测量点。要正确选择和判定测量点,特别是坡度较小的岸边,尤其要注意。应该选孤立小岛,高而陡的岸角、突堤,孤立、明显易认的物标,如雷达航标等回波图像稳定、亮而清晰、位置与海图上精确对应的物标作为测量点。特别不要误测回波余辉或干扰回波。

d.量程。应选用包含目标的最小量程。

e.测量。应用活动距标圈与回波前沿(内缘)相切。由于雷达遮挡等局限性影响,后沿回波是图上哪一点很难判定,且测量精度亦差。为提高测距精度,应尽可能选岸线与视线垂直处的物标。

f.雷达测距精度还与扫描时间非等时性(锯齿波电压非直线形引起)、荧光屏外缘低、中间部分凸起的曲率误差、聚焦调整不良引起距标圈和物标影象模糊不清等因素有关。

②雷达测距应注意的事项:

a.应选择合适的量程,使目标显示于约 1/3~2/3 扫描线区域。

b.正确调节显示器各控钮,使回波饱满、清晰。

c.应使活动距标圈内沿与回波前沿(目标的内缘)相切,不应测回波的后沿。

d.两物标距离定位时测量的次序应是先正横后艏艉。

e.应经常检查活动距标圈的准确度。

(二)定位方法

利用物标方位和距离定位常用的方法有:两方位定位、三方位定位、两物标距离定位、三物标距离定位、单物标方位距离定位。

1.两方位定位

两方位定位为陆标定位方法的一种,又称方位交叉定位(Fixing by Cross Bearings)。它有观测方法简单、直观、海图作业容易和定位迅速等优点,是船舶在沿岸航行时最基本和最常用的定位方法之一。利用雷达和罗经观测物标方位后,首先应修正罗经差或陀螺差,把物标观测方位转化为真方位 TB,然后由物标开始作出反向方位线,两条方位线的交点即为观测船位。如图 3-1-2 所示,测得 A 灯塔陀螺方位为 315°,B 灯塔陀螺方位为 039°,假设陀螺差为1°E,则修正陀螺差后,两物标方位分别为 316°和 040°。分别过两个灯塔作 316°和 040°的反向方位线,则两方位线交点 F 为观测船位。将观测船位附近多余的船位线用橡皮擦清除干净,保留 1~2 cm 长度,能够了解海图作业的过程即可(图中虚线部分擦除)。

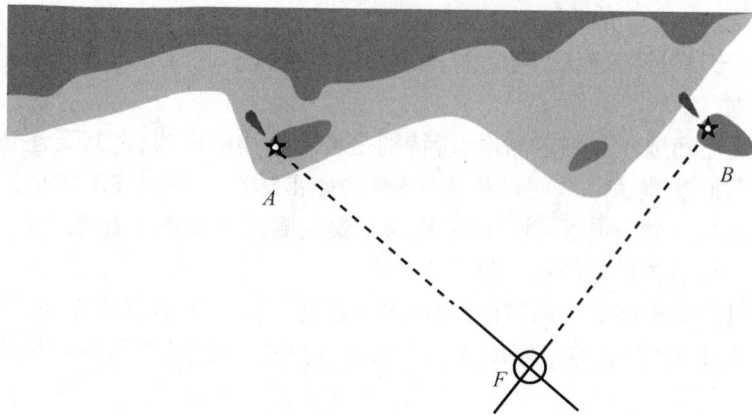

图 3-1-2　两方位定位

2.三方位定位

三方位定位要比两方位定位精度高,但也不可避免地存在误差。这主要是因为:不能同时观测三个物标方位;观测方位时存在观测误差;罗经差存在的误差;海图勘绘中物标位置不准;海图作业时作图有误差等。由于上述原因,三方位定位时往往会交出一个三角形,叫船位误差三角形(Cocked Hat)。

根据船位误差三角形的大小,误差三角形的处理有两种情况:

(1)小船位误差三角形的处理。定位中如果出现小误差三角形(每边长小于 5 mm),一般可以认为存在合理的随机误差。此时要视误差三角形的形状来确定观测船位的位置:若为等边三角形,取三角形的中心作为观测船位,如图 3-1-3(a)所示;若为等腰三角形,取底边中心稍向内处的一点作为观测船位,如图 3-1-3(b)所示;若为狭长的等腰三角形,取三角形短边中心作为观测船位,如图 3-1-3(c)所示;若为直角三角形,取三角形内靠近直角的一点作为观测船位,如图 3-1-3(d)所示;若为钝角三角形,取三角形内靠近短边钝角的一点作为观测船位,如图3-1-3(e)所示;当船接近危险物时,应取前进方向上最靠近危险物的三角形的一点作为观测船位,如图 3-1-5(f)所示;。

(2)大船位误差三角形的处理。定位中如果出现大的误差三角形,应该在短时间内重复观测 2~3 次,根据误差三角形的变化情况加以判断和处理:若经重测船位误差三角形明显变小,则可以认为该误差三角形是由粗差造成的,去掉带有粗差的观测,然后以新的误差三角形为准重新判断处理。若经重测船位误差三角形的大小和形状变化无一定的规律,则可以认为该误差三角形是由较大的随机误差造成的。此时若无其他更有效的方法判断最概率船位的所在,应将观测船位取在最靠近危险物的地方。若经重测船位误差三角形的大小和形状无多大的变化,则可以认为该误差三角形是由系统误差造成的。此时可以将每条方位线都加(或减)2°~4°,相交得到新的三角形,与原误差三角形对应顶点的连线的交点即为消除了系统误差后的观测船位。

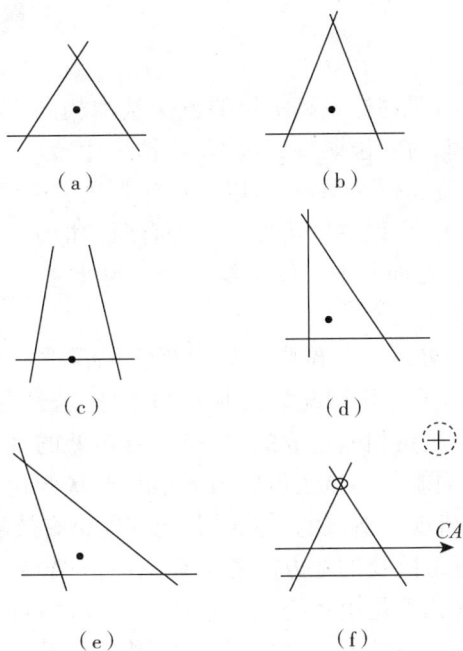

（a）　　　　　　　　　（b）

（c）　　　　　　　　　（d）

（e）　　　　　　　　　（f）

图 3-1-3　小船位误差三角形

3.两物标距离定位

测者若"同时"测得两个物标与本船的距离,在航用海图上分别以这两个物标为圆心,以所测得的相应的距离为半径画出距离船位线圆弧,其两交点中靠近推算船位的那个交点 F 即为该观测时刻的观测船位,作图时也仅保留推算船位附近的部分位置线即可,如图 3-1-4 所示。

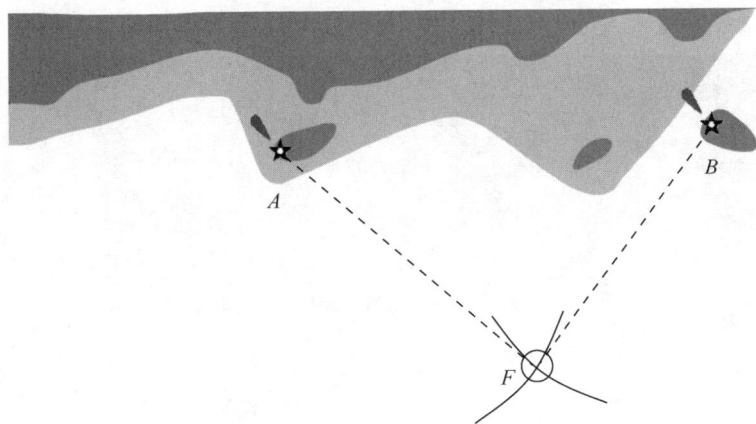

图 3-1-4　两距离定位

4.三物标距离定位

三物标距离定位的方法与两物标距离定位的方法基本相同,但通常三条近似同时观测的距离船位线会相交成一个近似为船位误差三角形的图形。因为三条距离船位线交出的图形能提示定位过程中是否存在粗差和较大误差,所以三物标距离定位优于两物标距离定位。

根据船位误差三角形的大小,误差三角形的处理有两种情况:

(1)小船位误差三角形的处理。小船位误差三角形的处理与三方位定位时形成的小船位误差三角形相同,不再赘述。

(2)大船位误差三角形的处理。定位中如果出现大的误差三角形,应该在短时间内重复观测2~3次,根据误差三角形的变化情况加以判断和处理:若经重测船位误差三角形明显变小,则可以认为该误差三角形是由粗差造成的,去掉带有粗差的观测,然后以新的误差三角形为准重新判断处理。若经重测船位误差三角形的大小和形状变化无一定的规律,则可以认为该误差三角形是由较大的随机误差造成的。此时若无其他更有效的方法判断最概率船位的所在,应将观测船位取在最靠近危险物的地方。若经重测船位误差三角形的大小和形状无多大的变化,则可以认为该误差三角形是由系统误差造成的。此时可以将每条船位线向同一方向移动相同的距离,相交得到新的三角形,与原误差三角形对应顶点的连线的交点即为消除了系统误差后的观测船位。

5.单物标方位距离定位

单物标方位距离定位如图3-1-5所示。在海图上从所测物标测量点画出该物标的方位线(方位船位线),再以所测物标测量点为圆心,以所测距离为半径画圆(一般只需画出推算船位附近的一段圆弧)就是船位圆。船位圆与方位线的交点 F 就是观测船位。

使用单物标方位距离定位时,最重要的问题是保证所选物标的位置要准确可靠。如果物标位置不准确,就会导致较大的定位误差;如果认错物标,那么得到的就是错误的船位。

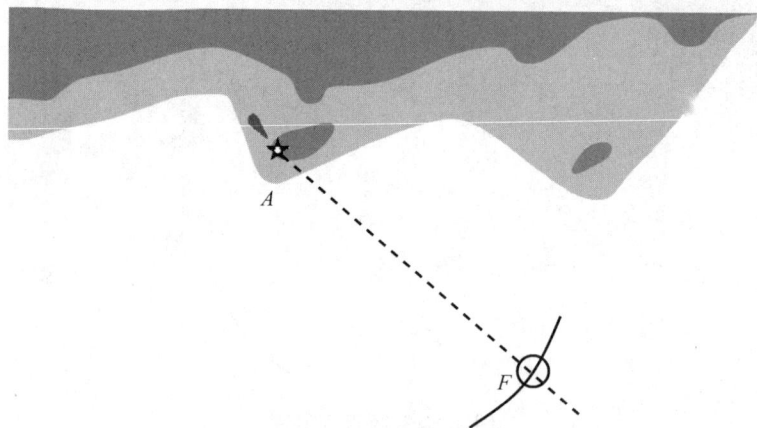

图3-1-5　单物标方位距离定位

第二节 风流对船舶航行的影响

一、风对船舶航行的影响

（一）风的基本概念

空气相对于地面的水平运动,称为风。在航海上,为了区别由于其他原因造成的空气运动,又称其为真风。风速一般以 m/s 或 kn 为单位,习惯上有时又用蒲福(Beaufort)风级来描述它。风向是指风的来向,航海上常以半圆法或罗经点表示。

船舶在无风海域航行时,由于船舶是在运动中,静止的空气相对船舶而言具有相对运动,使得船上的人员能够感觉到风的存在。这种由于船舶的运动而产生的空气相对于船的运动称为船风,又称为航行风。船风的风速等于船舶对地速度,风向与船舶航迹向一致。

船舶在有风的水域航行时,船上实际所观测到的风,并非真风,而是真风和船风两者的合成风,称为视风。

（二）风压差（Leeway Angle）

船舶在有风水域航行时,除了在机器的推动之下按航向前进外,还受到风力因素的影响。船舶在风力的影响下,向下风方向漂移。由于船舶在水中受到水的阻力,船舶顺风漂移的速度数值远远小于风速,且由于船舶水下形状和波浪及其他各种因素的影响,风对船舶影响而产生的漂移运动的方向,也并不是与风向一致。目前,航海上的做法一般是通过实测的方法来掌握风对船舶航行的影响。在风的作用下,船的航迹向 CG 偏开真航向 TC 一个角度 α。该角度 α 称风压差角,简称风压差,代号为 α。而此时的航迹向又称风中航迹向(CG_α)。

有风无流情况下,TC、α 与 CA 或 CG 间满足下列关系:

$$\left.\begin{array}{l} CA \\ CG \end{array}\right\} = CG_\alpha = TC + \alpha \begin{cases} \text{左舷受风为}(+) \\ \text{右舷受风为}(-) \end{cases} \tag{3-2-1}$$

（三）风压差的获取

航海上一般采用实测航迹向的方法来求取船舶的实际风压差值。常用的方法有舵迹流法、连续实测船位法、雷达观测法等。风压差的数值还可以通过以下两种方法获取:

1.风压差表

根据风级、风舷角及船舶装载情况查阅本船风压差表,可获得特定航速条件下船舶的风压差大小。×××轮风压差表(船速 12 kn)如表 3-2-1 所示。

表 3-2-1　×××轮风压差表(船速 12 kn)

风舷角	4级		5级		6级		7级		8级	
	满	空	满	空	满	空	满	空	满	空
0°	0°	0°	0°	0°	0°	0°	0°	0°	0°	0°
20°	0.8°	2.2°	1.3°	3.4°	1.9°	5.0°	2.7°	6.9°	3.6°	9.2°
40°	1.6°	3.9°	2.5°	6.2°	3.5°	8.9°	4.9°	12.5°	6.5°	16.6°
60°	1.9°	4.9°	3.1°	7.9°	4.5°	11.5°	6.1°	16.0°	8.3°	21.3°
80°	2.0°	5.1°	3.2°	8.1°	4.6°	11.7°	6.4°	16.4°	8.5°	21.8°
100°	1.8°	4.6°	2.9°	7.3°	4.1°	10.5°	5.8°	14.7°	7.7°	19.6°
120°	1.4°	3.5°	2.2°	5.6°	3.2°	8.1°	4.3°	11.3°	5.9°	15.1°
140°	0.9°	1.4°	1.5°	3.9°	2.2°	5.6°	3.1°	7.8°	4.1°	10.4°
160°	0.5°	1.2°	0.8°	1.9°	1.1°	2.8°	1.5°	3.9°	2.0°	5.2°
180°	0°	0°	0°	0°	0°	0°	0°	0°	0°	0°

2.利用经验公式计算

利用下列求取风压差的经验公式可近似地求取风压差的数值,以推算出部分还未能实测到的风压差值。

$$\alpha = K(V_W/V_L)^2 \sin Q_W \qquad (3-2-2)$$

式中:α ——风压差,以度为单位。

V_W 和 V_L ——分别表示风速和航速(m/s)。

Q_W ——风舷角,以度为单位。

K ——风压差系数,以度为单位。

该公式仅适用于风压差值不超过 10°～15°的情况下。根据进一步研究,人们又提出了以下的风压差经验公式:

$$\alpha = K(V_W/V_L)^{1.4}(\sin Q_W + 0.15\sin 2Q_W) \qquad (3-2-3)$$

运用以上两个风压差公式,计算得到的风压差系数 K ,仅适用于某一具体船舶。其值应该是在各种吃水和风力条件下,进行 25～30 次实测风压差值,然后根据公式反推出风压差系数 K 的平均值。根据同等条件下的风压差系数,利用上述公式便可求出风压差值。根据风压差公式求出的风压差值的误差为±0.5°～±1.0°。

二、流对船舶航行的影响

(一)流要素

海面上航行的船舶经常遇到的水流可分为洋流、潮流、风生流三种。海水相对于地流动的速度称流速,一般用节表示。海水流动的方向称流向,一般是指水流流去的方向,可以用圆周法表示,也可以用半圆法表示。

（二）流压差（Drift Angle）

当船舶在有流无风的水域航行时,由于受到水流的影响,船舶一方面沿着真航向 TC,以航速向前运动,另一方面又沿着流向 set,以流速向前运动。因此,船舶相对于地面的运动是上述两种运动的合运动,如图 3-2-1 所示。

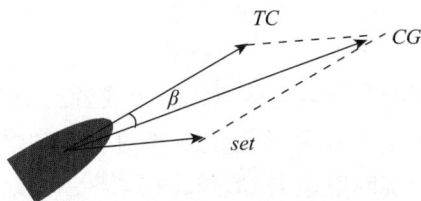

图 3-2-1　水流的影响

从图 3-2-1 还可以看出,实际航迹向 CG 与船舶真航向 TC 之间存在着一个夹角,该夹角称为流压差角,简称流压差,代号为 β。TC、β、CG 或 CA 之间的关系如下:

$$\left.\begin{array}{l} CA \\ CG \end{array}\right\} = TC + \beta \begin{cases} 左舷受流为（+） \\ 右舷受流为（-） \end{cases} \tag{3-2-4}$$

三、风流对船舶航行的综合影响

（一）风流压差（Leeway and Drife Angle）

船舶在有风流影响的情况下航行,除了以船速沿真航向航行外,还会在风的作用下向下风漂移,同时在流的作用下产生顺流漂移运动。真航向与风流影响下的航迹向 CG 之间的交角称风流合压差角,简称风流压差,代号为 γ。

如图 3-2-2 所示,船舶在风流的共同作用下,其实际航迹向 CG 偏开了真航向 TC 一个角度 γ。

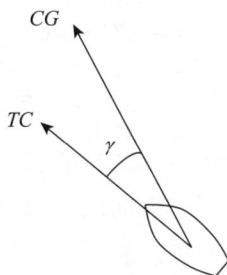

图 3-2-2　风流压差

在有风有流的情况下,真航向 TC 与船舶航迹向 CG（或计划航向 CA）之间的关系为:

$$\left.\begin{array}{c}CA\\CG\end{array}\right\} = TC + \gamma \left\{\begin{array}{c}船偏在航向线右边时为(+)\\船偏在航向线左边时为(-)\end{array}\right. \qquad (3\text{-}2\text{-}5)$$

式中的 γ 为风流压差,它等于风压差 α 和流压差 β 的代数和,即:

$$\gamma = \alpha + \beta \qquad (3\text{-}2\text{-}6)$$

(二)风流压差的测定方法

1.连续实测船位法

连续实测船位法,是在较短的时间内连续测定三个或者三个以上的船位,利用平差的方法用直线连接各实测船位(使各观测船位到该直线距离的平方和最小)。该直线即为船舶在这段时间内的实际航迹,其方向为实际航迹向 CG,如图 3-2-3 所示。则:

$$\gamma = CG - TC \qquad (3\text{-}2\text{-}7)$$

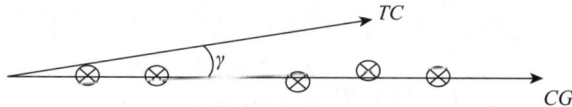

图 3-2-3　连续实测船位法

2.雷达观测法

雷达观测法求取实际航迹向的方法有许多种。在传统的相对运动雷达中,测者可以通过观测探测范围内的固定物标的连续运动轨迹(本船航迹的反方向),来确定船舶航迹向。雷达探测到一个固定物标 M,其相对于本船的运动方向为 CG_{M},则本船的实际航迹向为其反方向。在雷达观测时,CG_{M} 的方向可以通过机械方位线,或者是电子方位线来读取。

在新式的 ARPA 雷达中,可以通过 ARPA 设备,跟踪某一固定物标的运动,随时可获得该物标的运动要素,便可得到本船的实际航迹向。从而得到:

$$\gamma = CG - TC$$

3.叠标导航法

当航行中的船舶始终保持叠标的前后标志重叠,则该船即航行在叠标引导线上。该引导线即为该船的实际航迹线。引导线与船舶航向线 TC 线的夹角即为风流合压差 γ。叠标导航法通常用于进出港口航行、江河航行、岛礁区航行等狭窄航道的航行中。多数港口及其附近的航道上均设有可供船舶使用的导航叠标。

4.最小距离方位与正横方位法

如图 3-2-4 所示,当船舶航行于有风流影响的水域时,有:

$$物标正横真方位 TB_\perp = 真航向 TC \pm 90° \begin{cases} 右正横时为(+) \\ 左正横时为(-) \end{cases} \tag{3-2-8}$$

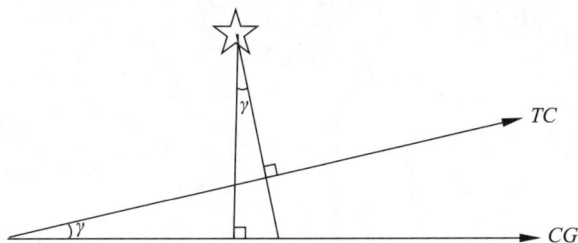

图 3-2-4　最小距离方位与正横方位法

又因为风流合压差 $\gamma = CG - TC$，所以：

$$风流合压差 \gamma = 物标最小距离方位 TB_{min} - 物标正横方位 TB_\perp \tag{3-2-9}$$

式(3-2-9)中的方位并非一定是真方位，也可以是物标最小距离罗方位减物标正横罗方位。

物标最小距离方位与正横方位之差法求实际航迹向或风流合压差，在传统的航海实践当中运用较为普遍，特别是在沿岸航行中。当可见的物标较少时，此不失为一种较好的方法。

5.单标三方位求航迹向法

当视距范围内有一可供观测其方位的固定物标时，无论是否知道该物标的确切位置，均可采用单标三方位求航迹向的方法求得本船的实际航迹向和风流合压差。

(1)单标三方位求航迹向的原理

如图 3-2-5 所示，当一船以某一固定的航向保速航行，其相对于地面的实际运动轨迹为图中的 CG 线，而在经过某个物标 M 的航行过程当中分别在三个时刻测得该物标的三条方位线为：P_1、P_2 和 P_3，其观测的时间间隔分别为 t_1 和 t_2。若 CG 线为航船的实际航迹线，则三条方位线与该实际航迹线的三个交点 A、B 和 C 点为三个时刻的船位，则必然：

$$\frac{AB}{BC} = \frac{Vt_1}{Vt_2} = \frac{t_1}{t_2}$$

式中：V——船舶的实际航速。

任作一条平行于航行轨迹 ABC 的直线，分别与三条方位线相交于 a、b 和 c 点，可得：

$$\frac{ab}{AB} = \frac{Mb}{MB} \text{ 和 } \frac{bc}{BC} = \frac{Mb}{MB}$$

所以：

$$\frac{ab}{AB} = \frac{bc}{BC} \text{ 即 } \frac{ab}{bc} = \frac{AB}{BC} = \frac{t_1}{t_2}$$

反之，只要作任意直线 abc 满足 $ab/bc = t_1/t_2$ 则该直线 abc 就一定与船舶航行轨迹 ABC 相平行。量取直线 abc 的前进方向，即可得实测航迹向 CG。它与船舶真航向 TC 之差，即为当时的风流差 γ。

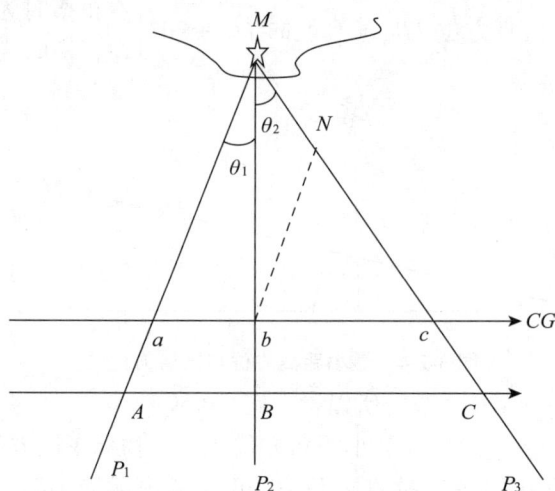

图 3-2-5　单标三方位求航迹向

（2）常用的单标三方位求航迹向作图方法

①在第三条方位线 P_3 上任取一点 N，再取一点 c，使 $MN/Nc=t_1/t_2$。

②过 N 点作第一条方位线 P_1 的平行线交 P_2 于 b。

③用直线连接 b、c 两点。

④量取直线 bc 的方向（从 b 向 c），即为实测航迹向 CG。

当相邻两次观测的时间间隔相等时，可在第二条方位线上任取一点，再自该点分别作第三条和第一条方位线的平行线。假设分别与第一和第三条方位线相交于 a、c 两点，连接 ac 交第二条方位线于 b 点，则直线 abc 的方向就是所求的实测航迹向。

当相邻两方位线间的交角相等时，可在第一方位线上任取一点 a，再在第三条方位线上取一点 c，使 $Ma/Mc=t_1/t_2$，再连接 ac，交第二条方位线 b 点，则直线 abc 的方向，即为实测航迹向。

（二）利用实测风流压差修正本船航向

通过上述方法测得风流压差后，若实测风流压差与当前采用的风流压差相符，本船的实际航迹向与本船的计划航向相等，船舶也将行驶在计划航线上，不必进行修正；若实测风流压差与当前采用的风流压差不相符，本船的实际航迹向与本船的计划航向不相等，船舶偏离计划航线，需要根据当前风流压差进行修正。修正时应使本船的推算航迹向 CG 等于本船的计划航向 CA，所以修正后本船的罗经航向应为：$GC(CC)=CA-\gamma-\Delta G(\Delta C)$。值得注意的是，此时船舶偏离计划航线，应转向使船舶回到计划航线后再用上述公式进行修正。

第三节　航迹绘算与海图作业标注

一、航迹绘算

（一）已知船舶真航向、航速及风流条件，求航迹向

它作图的一般原则是先风后流。即先把真航向顺风配风压差，求得风中航迹向，再把风中航迹向作为有流无风情况下的真航向，作矢量三角形，从而求出船舶航迹向。

例题3-1：某船航速 V_L = 16.5 kn，计程仪改正率 $\Delta L - 3\%$，$GC042°$，$\Delta G-2°$。0800 L_1 = $104'.6$，0900 L_2 = $121'.1$，当时海面有东风5级（α 为 3°），流 270°–3 kn，作图求出该船推算航迹向。

解析：$TC = GC+\Delta G$

$\qquad = 042°+(-2°)$

$\qquad = 040°$

$S_L = (L_2-L_1)(1+\Delta L)$

$\quad = 16'.5×0.97$

$\quad = 16'.0$

根据作图度量：船舶的推算航迹向 $CG026°$，C 点即为 0900 的推算船位，如图 3-3-1 所示。

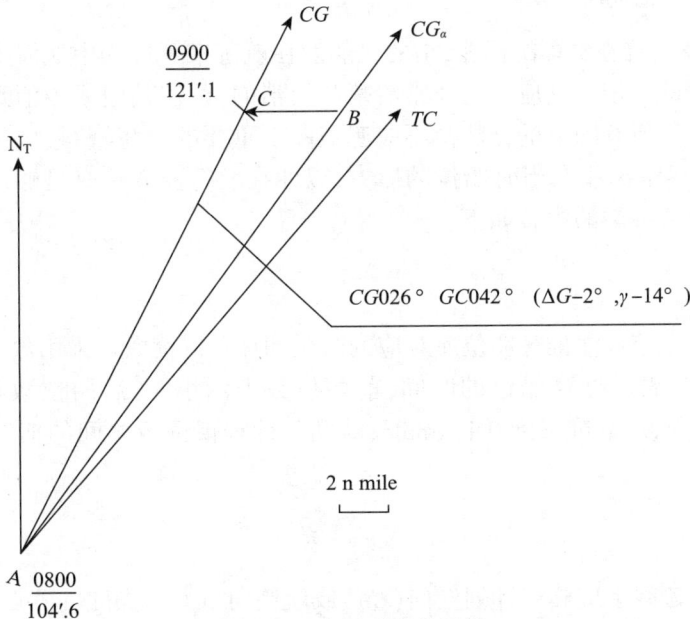

图 3-3-1　先风后流的绘算

（二）已知船舶的计划航向、风流条件，求船舶应驶的真航向

它作图的一般原则是先流后风，即先按有流无风情况下求取真航向的方法，求出风中航迹向，再把风中航迹向顶风配风压差，从而求出船舶真航向。

例题3-2：某船航速12 kn，$\Delta C-2°$，当时海面有 NE 流 3 kn，SE 风 6 级（α 为 5°）。若该船的计划航向 CA 为 090°，作图求出船舶应驶罗航向。

解析：作图步骤应按"先流后风"的原则进行。1 h 后 $S_L = 12$ n mile，流程 $S_C = 3$ n mile，根据作图度量，$CA_\alpha \approx 100°$，$\beta \approx 10°$，$TC = 100° - (-5°) = 105°$，船舶应驶罗航向 $CC = TC - \Delta C = 105° - (-2°) = 107°$。而 C 点为下一个时刻的推算船位，如图 3-3-2 所示。

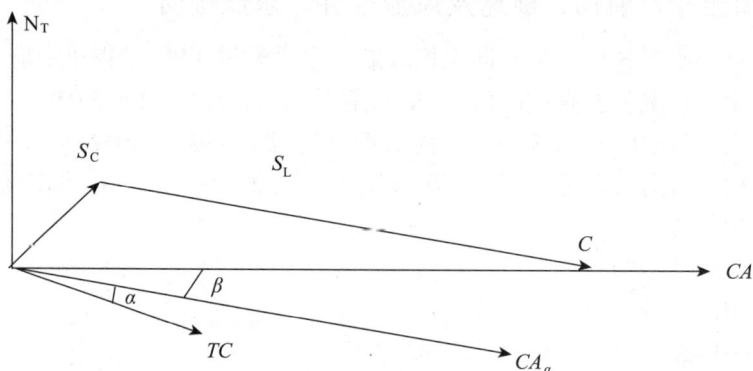

图 3-3-2　先流后风的绘算

（三）海图作业标注

如图 3-3-1 所示，航迹绘算的标注，指的是船舶在航迹推算过程中航海人员在海图上所做的各种文字和符号的标记。它应该是非常清楚和简洁的，可使其他人很清楚地了解海图作业工作的过程和结果。所有图上的标注都不应遮盖图上重要的航海资料，应尽可能地标注在图上的空白处，并应尽量标注在当时船位的后方，以便在航行前方留有足够位置供后方航行标绘。通常海图作业应标注的内容如下：

1.船位标注

在推算船位点上应标注推算船位所对应的时刻和计程仪读数。采用数学上分数写法的形式，分子用四位数字表示推算船位的时间，前两位数表示小时，后两位数表示分钟，准确到1 min；分母为计程仪读数，准确到0.1 n mile；时间与计程仪读数之间的横线应与海图的纬线平行。

2.航线标注

计划航线或航迹线上应标有计划航向（CA）或航迹向（CG）、操舵的罗航向（CC）和罗经差（ΔC）或陀螺航向（GC）和陀螺差（ΔG）等，ΔC 或 ΔG 应加括号，同时标注风压差、流压差或风

流合压差,如果有的话。如果在航线上标注不下或航线较陡不便标注和读取或有其他困难时,可用线条拉出来标注在海图上的空白处,但该标注应尽可能大致与纬线平行,如图 3-3-1 所示。

3.各种提示和注意事项

在船舶计划航线和船位附近还可以标上各种提示、警告和注意事项等,以提醒值班人员注意。例如,航经水域的碍航物、天气海况、导航设备的状况等,可用铅笔标出。

(四)物标的正横船位与最近距离船位的确定

船首线与物标方位线垂直时称为正横(Abeam)。物标正横时的船位称为正横船位。当船舶与物标距离最近时的船位称为最近距离船位。船舶按真航向 TC 航行,受风流影响,修正风流压差后船舶将航行在航迹线(或计划航线)上,所以正横船位和最近距离船位都应在航迹线(或计划航线)上确定。

1.求正横船位

如图 3-3-3 所示,过物标 M 引一与航向线 TC 垂直的直线。该直线与航迹线(或计划航线)的交点 B 为正横船位。

2.求最近船位

如图 3-3-3 所示,过物标 M 引一航迹线(或计划航线)的垂线,该线与航迹线(或计划航线)的交点 A 为最近船位。

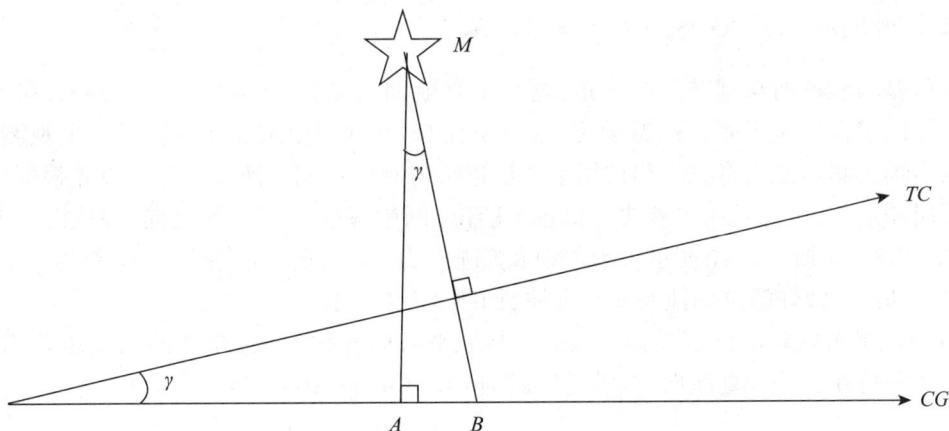

图 3-3-3 最小距离方位与正横方位法

二、综合试题举例

例题 3-3：M 轮 0800 时位于东矶岛灯塔正东 4′，开始进行航迹推算，计程仪读数 $L120′.0$，计划航向 $CA190°$，当时海面风力 4 级，风向 NE，流向 SW，流速 4 kn，根据当时风流情况，决定走 $GC186°$，$\Delta G1°W$。

0810　　$L123′.0$　　GPS 船位 $\varphi28°40′.4N, \lambda122°00′.3E$。

0820　　$L126′.0$　　百夹山灯塔 $GB268°$，距离 $D6′.8$，定位后，决定由观测船位出发走 $CA180°$。1.求 0800 的观测船位；2.求实测风流压差及 0820 后应驶的 GC；3.求 0820 后蛇山岛灯塔正横时的船位。

解析：

1.求 0800 的观测船位

题目中"M 轮 0800 时位于东矶岛灯塔正东 4′"，可通过单物标方位、距离定位求得观测船位。方法是以东矶岛灯塔为中心，引出一条 090° 的方位线，用分规在海图相应纬度上量取 4′，然后在方位线上进行截取，截点即是观测船位。若观测方位距离时采用雷达观测，则船时 0800 的雷达船位的符号是" ⚠ "。该船位同时也是航迹推算的起始点，应在船位符号旁边进行船位标注：分子是时间，用四位数表示；分母是计程仪读数，精确至 0.1 n mile；分数线要与纬度线大致平行。将观测船位附近多余的船位线用橡皮擦清除干净（图中虚线部分），保留 1~2 cm 长度能够了解海图作业的过程即可，如图 3-3-4 所示。定位后，开始进行航迹推算，由观测船位开始画出计划航线和真航向线并进行适当的航线标注，如图 3-3-4 所示。

2.求实测风流压差及 0820 后应驶的 GC

风流压差为航迹向与真航向的夹角，题目中真航向已知为 $TC = GC + \Delta G = 185°$，只要求得航迹向就可以求得风流压差。根据题意，题目中在 0800、0810、0820 连续测了三个观测船位，可以根据连续实测船位法将三个船位用平差法连接得到航迹向。所以本题可以先根据给定的参数进行船舶定位，定位后用平差法连接各个船位（图中虚线），得到航迹向，并在海图上量出其角度，如图 3-3-4 所示。经度量，船舶实际航迹向为 188°，所以实测风流压差为 $\gamma = 188° - 185° = +3°$。最后，做好船位标注及航线标注，如图 3-3-4 所示。

0820 后船舶改驶新的计划航向 $CA180°$，与原来航向变化不大，原来的风流压差仍适用。为了使船舶保持在新的计划航向，应驶陀螺航向 $GC = CA - \gamma - \Delta G = 178°$

3.求 0820 后蛇山岛灯塔正横时的船位

如图 3-3-4 所示，由 0820 开始继续进行航迹绘算，由观测船位开始作计划航线、真航向线并做相关的标注。过蛇山岛灯塔引一方位线与真航向线垂直，该方位线与计划航线的交点为正横时的船位。

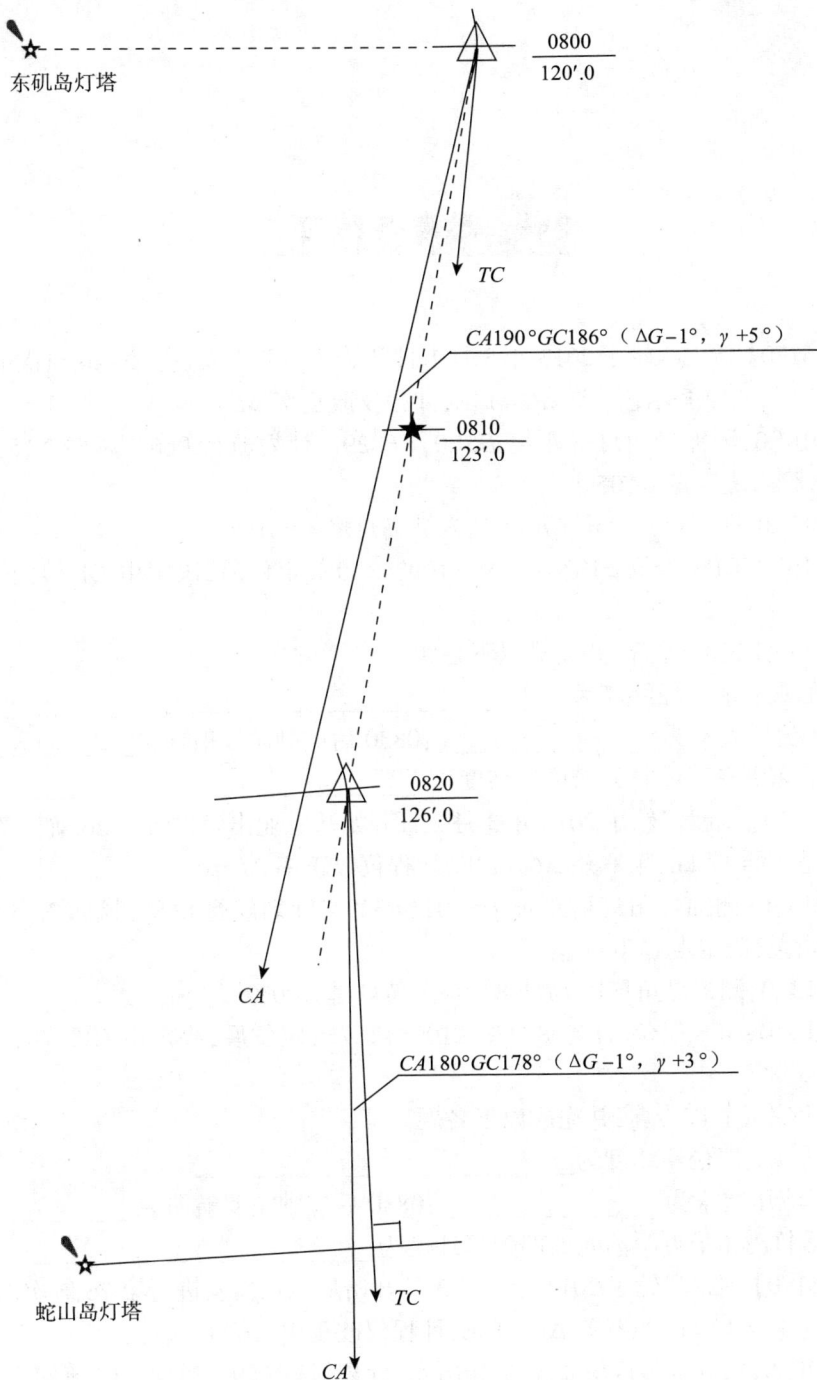

图 3-3-4　例题 3-3 作图

![思考与练习]

1.【海图16170】"瑞雪"轮于 2013 年 3 月 1 日开始从三亚出发进行第 26 航次的航行,目的港是广州。航速 $V_E = 12$ kn,陀罗差 $\Delta G = 1°E$,计程仪改正率 $\Delta L = 0\%$。

0800 $L = 010'.0$,测锦母角灯塔距离 $D5'.0$,$GB329°$,计划航行 066°,风向 N,5 级;流向 S。考虑当时风流情况,决定走 $GC059°$。

0815 $L = 013'.0$,测锦母角灯塔 $GB300°$,东洲岛灯塔 $GB019°$。

0830 $L = 016'.0$,GPS 船位 $\varphi18°07'.3N$,$\lambda109°43'.0E$,定位后,决定由 GPS 船位出发,继续走 $CA066°$。

请在海图上完成航迹绘算,并完成以下各题。

(1)0800 的观测船位经纬度为_____。

(2)实测风流压差 γ 为_____;0830 后应驶陀罗航向为_____。

(3)0830 后东洲岛正横时的船位经纬度为_____。

2.【海图16170】"瑞雪"轮于 2013 年 3 月 2 日开始从三亚出发进行第 26 航次的航行,目的港是广州。航速 $V_E = 12$ kn,陀罗差 $\Delta G = 1°E$,计程仪改正率 $\Delta L = 0\%$。

0800 $L = 010'.0$,测锦母角灯塔距离 $D5'.0$,$GB329°$,计划航行 068°,风向 N,5 级;流向 S。考虑当时风流情况,决定走 $GC055°$。

0815 $L = 013'.0$,测锦母角灯塔 $GB298°$,东洲岛灯塔 $GB022°$。

0830 $L = 016'.0$,GPS 船位 $\varphi18°08'.1N$,$\lambda109°42'.7E$,定位后,决定由 GPS 船位出发,继续走 $CA068°$。

请在海图上完成航迹绘算,并完成以下各题。

(1)0800 的观测船位经纬度为_____。

(2)实测风流压差 γ 为_____;0830 后应驶陀罗航向为_____。

(3)0830 后竹湾角最近距离时的船位经纬度为_____。

3.【海图16170】"瑞雪"轮于 2013 年 3 月 3 日开始从三亚出发进行第 26 航次的航行,目的港是广州。航速 $V_E = 12$ kn,陀罗差 $\Delta G = 1°E$,计程仪改正率 $\Delta L = 0\%$。

1200 $L = 020'.0$,从陵水角灯塔正南 6'.0 出发,计划航行 059°,风向 NE,流向 S。考虑当时风流情况,决定走 $GC 049°$。

1215 $L = 023'.0$,测陵水角灯塔 $GB329°$,$D4'.9$。

1230 $L = 026'.0$,测陵水角灯塔 $GB296°$,$D5'.5$,定位后决定由观测船位出发,$CA059°$。

请在海图上完成航迹绘算,并完成以下各题。

(1)1200 的观测船位经纬度为_____。

(2)实测风流压差 γ 为_____;1230 后应驶陀罗航向为_____。

(3)1230 后大洲岛灯塔最近距离时的船位经纬度为_____。

4.【海图 16170】"瑞雪"轮于 2013 年 3 月 4 日开始从三亚出发进行第 26 航次的航行,目的港是广州。航速 $V_E = 12$ kn,陀罗差 $\Delta G = 1°E$,计程仪改正率 $\Delta L = 0\%$。

1200 $L = 020'.0$,从陵水角灯塔正南 $6'.0$ 出发,计划航行 $059°$,风向 NE,流向 S。考虑当时风流情况,决定走 $GC\ 055°$。

1215 $L = 023'.0$,测陵水角灯塔 $GB328°$,$D5'.5$。

1230 $L = 026'.0$,测陵水角灯塔 $GB299°$,$D6'.6$,定位后,决定由观测船位出发,$CA059°$。

请在海图上完成航迹绘算,并完成以下各题。

(1)1200 的观测船位纬度为_____。

(2)实测风流压差 γ 为_____;1230 后应驶陀罗航向为_____。

(3)1230 后大洲岛灯塔最近距离时的船位经纬度为_____。

5.【海图 15100】"瑞雪"轮于 2021 年 3 月 1 日 0800 位于表角(好望角)灯塔正南 $7'$,计程仪读数 $L = 010'.0$,计程仪改正率 $\Delta L = 0\%$,计划航向 $CA210°$,陀罗差 $\Delta G = 1°E$,当时海面西北风,东流,根据当时风流情况,决定走 $GC214°$。

0830 $L = 018'.5$,GPS 船位 $\varphi22°59'.0N$,$\lambda116°44'.2E$,定位后,决定由 GPS 船位出发,继续走 $CA210°$。

请在海图上完成航迹绘算,并完成以下各题。

(1)0800 的观测船位的经纬度为_____。

(2)实测风流压差 γ 为_____;0830 后应驶陀罗航向为_____。

(3)0830 后北炮台角灯塔最近时的船位的经纬度为_____。

6.【图 12300】"瑞雪"轮于 2021 年 3 月 3 日 1200 位于苏山岛灯塔正南 $6'$,当时计程仪读数 $L = 100'.0$,计程仪改正率 $\Delta L = 0\%$,计划航向 $CA255°$,陀罗差 $\Delta G = 1°E$,当时海面有北风、西南流,考虑当时风流情况,决定走 $GC259°$。

1230 $L = 107'.5$,GPS 船位 $\varphi36°36'.0N$,$\lambda122°04'.9E$,定位后,决定由 GPS 船位出发,继续走 $CA255°$。

请在海图上完成航迹绘算,并完成以下各题。

(1)1200 的观测船位的经纬度为_____。

(2)实测风流压差 γ 为_____;1230 后应驶陀罗航向为_____。

(3)1230 后汇岛灯桩最近时的船位的经纬度为_____。

第四章

航海图书资料的抽选与查阅

在确定航次任务后,航海人员必须认真阅读和仔细分析航海图书资料,从中了解港口情况、航线情况、水文气象情况、航标情况、地方性规则等,以便设计出安全、经济的航线。本章主要介绍抽选航次所需要航海图书资料的方法及常用航海图书资料的查阅方法。

第一节　航海图书目录

一、中版《航海图书目录》

中版《航海图书目录》是由中国人民解放军海军海道测量局(以下简称海道测量局)每年更新一次,其编号为 K102。有关《航海图书目录》的出版消息,发布于中版《航海通告》的第 I 部分,新版出版,旧版作废。《航海图书目录》集海道测量局出版的中国沿海海区总图、航行图、港湾图、渔业图、形势图等专用图,航海书表及其他相关出版物等,供国内外使用者查阅海图及航海书表的编号、名称、比例尺、出版时间等内容。

书中所刊载图书的出版与作废,可查阅《航海通告》第 I 部分,使用者可根据《航海通告》对《航海图书目录》进行改正。

（一）主要内容

以 2021 年出版的《航海图书目录》为例，该目录主要由五部分组成。

1.第一部分　航海图（Nautical Charts）

该部分主要内容有：

（1）中国海区分区索引。将中国海区划分为 8 个海区（1-1~1-8），并给出各海区海图所在的页数。利用该索引可以查出航线所经区域的航用海图所在的页数。另外，中国海区及附近海域的范围统称为 1 区列在本书 4~7 页。

（2）航用海图的分区界限图。其用以抽取航线所经海区的航海图，其中第 5 页为中国沿海及附近的、比例尺≤1∶500 000 的小比例尺海图的分区界限图；第 7 页为中国海区比例尺在1∶250 000 的中等比例尺海图的分区界限图。第 9 页至 31 页为中国沿海及其毗邻海区比例尺>1∶250 000 的沿岸图和港泊图的分区界限图。

2.第二部分　专用图（Thematic Charts）

该部分主要内容有：

（1）渔业图分区界限图。左页以 F 开头列出了渔业用图的图号、图名、比例尺、第 1 版时间、改版时间、添印时间等，右页给出了渔业用图的分区界限。

（2）其他专用图。给出了台风位置标示图、世界时区图、救生艇专用图及绘图工具包、世界主要港口分布图、中国主要港口分布图、西北太平洋形势图等航海上常用的专用图的图号、图名、第 1 版时间、改版时间等信息，便于用户据此随时掌握相关海图的更新情况。

3.第三部分　航海书表（Nautical Publications）

该部分主要介绍了《中国航路指南》《航标表》《潮汐表》的主要内容、作用、对应的分区索引图及版本信息等。除此之外，还给出了《中国港口指南》《船舶定线制》《中国沿海船舶定线制及 VTS 指南》、中国沿海部分港口的航行指南、天文用书等书表的书号、书名、第 1 版时间、改版时间等信息。用户可以利用本部分内容选择所需要的航海书表，检查本船航海书表的更新情况。

4.第四部分　其他

该部分主要内容是中国航海图书出版社航海图书专销站（Network of CNPP Charts & Publications Distribution），包括各专销站的分布示意图、站名、地址、电话/传真及邮政编码等。用户可以根据该分布图自行与有关供应站联系购买相关海图及航海书表。

5.第五部分　航海图书号索引（Numerical Index of Nautical Publications）

该部分包括航海图图号索引、专用图图号索引和航海书表、其他出版物书号索引 3 部分。航海图图号索引按图号的数字顺序列出所有中国沿海的航海图，该索引共分 3 栏，分别为图号、图名和海图所在的页数。专用图图号索引按专用图图号顺序列出专用图的图号、图名及其所在的页数。航海书表、其他出版物书号索引中列出了航海书表及其他出版物的书号、名称及页码。

在本书的书末还有一张航海通告改正登记表(Record of Corrections)。该表共分改正时间、通告期数和备注3栏,在根据中版《航海通告》的第Ⅰ部分对《航海图书目录》进行改正后,应在该表中登记改正时间、通告期数及必要的备注事项。

(二)主要用途

1.查取购买中版海图及航海书表专销站的地址

利用书中第四部分"中国航海图书出版社航海图书专销站",查取可以购买中版海图及航海书表的机构地址、电话/传真及邮政编码等。

2.抽选航用海图(以青岛至厦门为例)

(1)翻至第一部分的"中国海区分区索引",根据航次任务,查航线经过的各分区界限图编号及其所在的页数。本航线所经过的各分区索引图编号依次为1-2、1-3、1-4。

(2)根据各分区索引图所在页数,按航行顺序抽选航次所需的航用海图。本航次所需的海图为:12353、12354、12355、12351、12339、12300、12000、13100、13170、13300、13500、13700、13900、14100、14240、14249、14291、14293、14292。

3.抽选航海书表(以抽选青岛至厦门的《中国航路指南》为例)

利用本书第三部分"航海书表"可以找到《中国航路指南》的分区索引图,根据航行海区选择所需要的卷别为A101及A102。

另外,在该部分还可以找到中版《潮汐表》《航标表》的分区索引图,可据此找到所需的图书。对于其他书表,在书中并无分区索引图,可以根据其书名确定所需的书号。

4.检验船存海图是否为最新版

(1)根据船存海图的图号,查阅《航海图书目录》第五部分 "航海图书号索引",知该海图的有关资料所在的页数。

(2)翻至该页,查知该海图"第1版时间、改版时间"栏中的登记的日期。把该日期与海图上相应的日期相比较,若日期相同,则说明该海图为最新版海图;若海图上的日期比较早,则说明该船存海图已经作废,应及时购买新版海图。

5.检验船存航海书表是否为最新版

由于中版航海书表中的相当一部分为每年更新出版一次,如中版《航标表》《潮汐表》等。此部分图书应每年更新一次。但中版《航路指南》《中国港口指南》等多年更新一次的资料,就有必要随时检验资料是否为最新。

(1)首先查阅中版《航海图书目录》的第三部分"航海书表"。

（2）在该部分中根据资料的名称,查出该书"第 1 版时间、改版时间"栏中登记的日期。若船存书表中的日期与该日期相同,证明其为最新版资料。

（3）若船存书表中的日期早于"第 1 版时间、改版时间"栏中所列的日期,说明该资料已经作废,应予更新。

二、英版《海图及航海出版物目录》

英版《海图及航海出版物目录》(Catalogue of Admiralty Charts and Publications),也称英版《航海图书目录》,书号 NP131,由英国海道测量局(UKHO)出版,录入了由英国海道测量局(UKHO)出版的全部海图及航海出版物。该目录每年重新修订和出版一次。若印刷期间的资料有所变化,则通过补遗表(Addendum)以插页的形式进行更新。英版《海图及航海出版物目录》出版后若资料有变化,则通过英版《航海通告》(Admiralty Notices to Mariners)中有关海图及出版物的出版、撤废等信息进行改正。

（一）主要内容

该目录的内容可能每年有所变化,2021 年版的英版《海图及航海出版物目录》共分 8 个部分。

1.第一部分　概述(Overview)

该部分主要内容有:

（1）英版海图分区界限索引图(Limits of Admiralty Charts Indexes):该索引图以字母和数字标出各海区的编号,并把该编号作为本海区海图在书中的页数,便于抽取本海区的海图。

（2）全球授权分销商一览表(Admiralty Authorized Distributors):该一览表主要介绍英版海图及图书全球授权分销商分布情况和联系方式,按国家名称字母顺序列出了全球授权分销商的联系方式及服务范围,便于准确掌握可以购买到英版海图及出版物机构的详细信息,方便用户购买。

（3）技术解决方案提供商(Admiralty Technical Solution Providers)
给出技术解决方案提供商简介及其联系方式。

2.第二部分　数字产品服务(Digital Services)

该部分主要介绍了英版矢量海图服务(Admiralty Vector Chart Service)、英版矢量海图在线服务(Admiralty Vector Chart Service Online)、英版光栅海图服务(Admiralty Raster Chart Service)、英版 ECDIS 服务(Admiralty ECDIS Service)、英版数字出版物(Admiralty Digital Publications)。

3.第三部分　海图(Charts)

该部分包括英版海图按需打印、企业对企业服务介绍,标准航用海图两部分内容。

标准航用海图的主要内容为：

（1）世界大洋海图索引图 A（The World-general Charts of the Oceans）：该图中列出了全球范围内比例尺在 1∶10 000 000 的海图分区界限。

（2）索引图 A1：主要用于抽选比例尺在 1∶3 500 000 左右的海图。

（3）索引图 A2：主要用于抽选东北大西洋、欧洲水域及地中海的小比例尺海图。

（4）索引图 B～W：为各分区海图索引图，用于抽选各分区的大中比例尺海图。

在上述各索引图的左页，还有该分区索引图内所有海图的详细资料，包括海图的图号、图名、比例尺、出版日期及新版日期，便于用户核对船存的海图是否为最新版海图。海图图号前标有"⊙"的，表明该图另有英版光栅海图。海图图号前标有"I"的，表明该图也属国际版海图。

（5）索引图 X：为海图图夹号索引图。在该索引图中列出了全球 100 个分区图夹及每一个图夹中所包含的海图数量。

4. 第四部分 航行计划专用图（Planning Charts）、参考图及标绘图（Reference and Plotting Charts）

（1）航行计划专用图（Planning Charts）

航行计划专用图提供了附加航行计划信息，帮助航海人员制订更加安全、有效的航行计划。该部分海图主要有如下几类：

①航行计划图（World Planning Charts）：绝大部分海图的比例尺在 1∶20 000 000 以下，主要用于抽选拟定航行计划的大洋或跨大洋的小比例尺海图。

②定线指南（Routing Guides）：主要提供重要航线和地区的航线设计信息，如分道通航制、地方规则等。目前共有英吉利海峡和多佛尔海峡（5500）、苏伊士湾（5501）、波罗的海（5503）等 16 张海图。

③航路设计图（Routing Charts）：航路设计图是拟定大洋航线必不可少的海图，它包括世界主要港口间的航线及里程、洋流、冰区界限、风花、载重线区域界限等资料。

④海上保安用图（Maritime Security Charts）：该海图主要用于规避船舶保安风险，目前有 Q6099～Q6114，共 6 张海图。

⑤进港指南海图（Port Approach Guides）：其中包含一系列英版海图及出版物的信息，是船舶进出港口的参考资料，分亚洲、非洲、南美洲、北美洲、欧洲南部、欧洲北部分别列出各海区的进港指南海图。

（2）参考图及标绘图（Reference and Plotting Charts）

这类海图主要有：世界时区图（Time Zone Chart）、载重线规则（Load Line Regulations）、大圆海图（Gnomonic Charts）、磁差图（Magnetic Variation Charts）、教学用图（Instructional Charts）、大洋空白定位图（Ocean Plotting Sheets）、英国军事演习区图（UK Practice and Exercise Charts）、领海基线图（Territorial Sea Baseline Charts）、渔业用图（Fisheries Charts）、墨卡托空白定位图（Mercator Plotting Sheets）。

5.第五部分 英版航海出版物(Publications)

该部分主要包括:

(1)英版《航路指南》,书号为 NP1~NP72:包括各卷分区界限索引图和《航路指南》版本信息资料。

(2)英版《灯标与雾号表》,书号为 NP74~NP88(年份不同,卷数会有所变化):给出了纸质《灯标表与雾号表》与数字《灯标与雾号表》的有关资料及纸质《灯标表与雾号表》分区界限索引图,数字《灯标与雾号表》的分区界限索引图则在该书第二部分"数字产品服务"中给出。

(3)潮汐与潮流资料,包括英版《潮汐表》一至八卷(书号为 NP201~NP208)的分区界限索引图、西北欧区域的英版《潮流表图集》和其他潮汐资料。

(4)英版《无线电信号表》(书号为 NP281~NP286):包括各卷分区界限索引、版本、出版信息及内容简介。

(5)天文用书(Astronomical Publications):主要有《航海天文历》《索星与辨星》等天文类用书。

(6)其他资料:包括《海员手册》《世界大洋航路》《里程表》《ENC 维护记录》《IALA 海上浮标系统》、英版《海图图式》等资料的简要说明。

6.第六部分 航海安全信息(Maritime Safety Information)

该部分主要内容有:

(1)英版《航海通告》:介绍了英版周版《航海通告》、英版《航海通告年度汇编》、英版《航海通告累积表》的主要内容、出版情况,及纸质、电子版《航海通告》的获取方式。

(2)英版光盘产品及电子软件服务。

(3)假冒产品识别。介绍了识别盗版海图、出版物的方法。

7.第七部分 各国广告商介绍(Advertisers)

本部分略。

8.第八部分 数字索引(Numerical Indexes)

该部分分为以下几个索引:

(1)航用海图索引(Admiralty Standard Nautical Charts):列出了英国及其重印的澳大利亚、印度、新西兰、日本等国出版的海图的信息,根据此索引可以查出某一图号的海图在本目录上的页数,便于查找该海图的出版及新版日期等详细资料。

(2)航行计划用图索引(Admiralty Planning Charts):航行计划用图的编号及海图资料所在的页数,便于查找该海图的出版及新版日期等详细资料。

(3)国际版海图索引(International Charts):列出了国际版海图的编号及海图资料所在的页数,便于查找该海图的出版及新版日期等详细资料。

(4)英版航海出版物书号索引(Admiralty Publications):列出了英版出版物的书号及其所

在的页数,便于查找该出版物的出版及新版日期等详细资料。

(5)数字产品索引:列出了数字产品所在的页数,便于查找数字产品信息。

(二)主要用途

1.查阅英版海图及出版物授权分销商有关资料

利用第一部分中全球授权分销商一览表(Admiralty Authorized Distributors)可以查出英版海图及出版物全球授权分销商分布情况和联系方式,便于了解可以购买到英版海图及出版物的机构及其详细信息。该部分信息以国家或地区的首字母顺序排列,可据此找到所需要的信息,如芬兰的授权分销商的资料如下:

FINLAND
FURUNO FINLAND OY
Niityrinne7
PO Box 74
Fl–0227 I Espoo
T:+358(0)9 435 5670
F:+358(0)9 435 5671
sales@ furuno.fl
www.furuno.fl
DIGITAL

2.查取获得英版《航海通告》的方法

利用第六部分中"Admiralty Notices to Mariners"部分可以查到纸质、电子版《航海通告》的获取方式。

3.抽选航用海图(以2021年8月8日科伦坡至亚丁为例)

(1)首先抽选总图。根据航行海区,利用第三部分索引图A抽选总图为4071。

(2)抽选航行图及港泊图。

①利用第一部分英版海图分区索引图(Limits of Admiralty Chart Indexes),并参考《航路设计图》中提供的推荐航线,在该索引图查出本航线所经过的各海区(索引图)的编号,分别为I、H1、H2。

②把选定的推荐航线在索引图I、H1、H2页上用铅笔画出,并根据航线所涉及的海图确定航行图及港泊图(分图)图号。其中,在索引图I中,抽选所需的海图为:1655、3700、813、1587、IN260;在索引图H1中,抽选所需的海图为:IN261、2738、IN22、2970、6,需要注意的是,IN22和2970无法相连接,需要到包含此海区的A1索引图中抽选海图4703进行连接;在索引图H2

中,抽选所需海图为 6、3661、7

注意:

①在抽选航用海图前首先应根据航次任务,结合每月《航路设计图》确定计划航线,并绘画在总图上,作为抽选航用海图的依据。

②航用海图的抽选原则是尽量抽选比例尺比较大的海图,同时视具体情况抽选必要的参考图。

4.抽选每月《航路设计图》(以 2021 年 8 月 8 日科伦坡至亚丁为例)

根据航线所经过的区域和季节(2021 年 8 月),从该目录的第四部分每月《航路设计图》索引图中,抽选每月航路设计图为 5147(8)、5148(8)。

5.抽选大圆海图

若推荐航线为大圆航线,则可以利用大圆海图拟定大圆航线。大圆航线资料在书中第 4 部分"Gnomonic Charts",从中可以看到大圆海图分为 5 大洋区,根据航行海区进行选择即可,如横滨到旧金山航线可选择 5097——"North Pacific Ocean"。

6.抽选本航次所用的航海图书(以 2021 年 8 月 8 日科伦坡至亚丁为例)

利用第五部分"英版航海图书(Publications)",查看《航路指南》分区示意图,抽选本航次所需英版《航路指南》为第 38 卷(NP38)、3 卷(NP3)、64 卷(NP64);查看《灯标与雾号表》分区示意图,抽选所需英版《灯标与雾号表》为 F 卷(NP79)、D 卷(NP77);查看《潮汐表》分区示意图,抽选所需英版《潮汐表》为第三卷(NP203);查看英版《无线电信号表》分区示意图及各卷说明,抽选所需英版《无线电信号表》为第一卷第一册[NP281(1)]、第二卷第一册[NP282(1)]、第三卷第一册[NP283(1)]、第四卷(NP284)、第五卷(NP285)及第六卷第四册和第八册[NP286(4)和 NP286(8)];根据各种资料的介绍及相关要求抽选其他必需的航海图书。

7.检验船存海图是否为最新版(以 1505 海图为例)

(1)根据船存海图的图号 1505,查阅英版《海图及航海出版物目录》第八部分中的"航用海图索引(Admiralty Standard Nautical Charts)",知该海图的有关资料在第 82 页。

(2)翻至第 82 页,查知该海图的出版日期为 2013 年 3 月,新版日期为 2019 年 8 月。把此出版日期和新版日期与海图上的日期相比较,若日期相同,则说明海图为最新版海图;若海图上的日期早于该日期,则说明该船存海图已经作废,应及时购买新版海图。

8.检验船存航海出版物是否为最新版

由于英版航海出版物中的相当一部分为每年更新出版一次,如英版《灯标与雾号表》《潮汐表》《无线电信号表》等。此部分图书应每年更新一次。但像英版《航路指南》《世界大洋航路》《海员手册》等多年更新一次的资料,就有必要随时检验资料的最新性。例如,检验船存《China Sea Pilot Ⅰ》(书号为 NP30,出版日期为 2016 年的第 10 版)是否为最新版资料。

（1）首先查阅英版《海图及航海出版物目录》的第五部分中的"Admiralty Sailing Directions（Pilots）"部分。

（2）在该部分中根据书号 NP30，查阅该书的出版日期为 2018 年，版本为第 11 版。船存 NP30 的出版日期早于英版《海图及航海出版物目录》中的日期，说明船存 NP30 已经过期，应予更新。

（3）若船存 NP30 的出版日期与英版《海图及航海出版物目录》中的日期相同，说明船存 NP30 为最新版。

注：在检验海图及出版物是否最新前，应确保《海图及航海出版物目录》为最新版，并已利用英版《海图及航海出版物目录》的补遗表、英版《航海通告》将英版《海图及航海出版物目录》改正至最新。

第二节 《世界大洋航路》与每月《航路设计图》

一、世界大洋航路

（一）概述

《世界大洋航路》（Admiralty Ocean Passages for the World）由英国海道测量局（UKHO）出版。它主要介绍了世界主要大洋航线，影响航线设计的风、涌、洋流、冰等因素的基本情况及各海区航行的注意事项，供船舶拟定大洋航线时参考。该书分为两册，书号为 NP136（1）和 NP136（2）。第一册［NP136（1）］范围包括大西洋、地中海、黑海、加勒比海和墨西哥湾，第二册［NP136（2）］范围包括印度洋、红海、波斯湾、东南亚、印度尼西亚和太平洋。两册各自的范围还可查看该书的封底。该书所提供的推荐航线是通过收集装配于集装箱船、散货船及客船上 AIS 设备一年以上的信息形成，包含了世界上最繁忙的区域、港口之间的航线。

《世界大洋航路》不定期出版，现行版为 2021 年版。新版出版后，旧版作废。

（二）主要内容

1.卷首部分

本部分主要内容有：英版《航海通告》改正记录（Record of Updates）、前言（Preface）、目录（Contents）、《世界大洋航路》海区界限图 1~2 卷（Admiralty Ocean Passages for the World Limits of Volumes 1-2）等内容。

2.第一章 概述（Overview）

该章内容主要有：航线设计（Passage Planning）、载重线区域界限图（Load Line Zones）、自然条件概述(Nature Conditions)等内容。其中,自然条件概述部分详细给出了天气条件、季风、低气压、浪和涌等信息,同时也给出了1月份和7月份的世界气象统计图以及1月份、4月份、7月份和10月份的浪高图。世界气象统计图主要介绍了气压、风、涌、热带风暴、洋流、海水温度、雾、海冰、降水等统计信息。浪高图用红、绿线的形式给出了上述4个月份的不同的浪高出现的频率。红线及其上数字表示该地浪高大于6 m的波浪出现的百分率(10%)等值线;绿线及其上数字表示该地浪高大于3.5 m的波浪出现的百分率(50%)等值线。

3.第二章及以后各章

该部分分海区介绍该海区覆盖范围、海区内的主要港口及航路连接点、航线使用注意事项(如自然条件、限制条件、航海危险物及规则等)、航路连接点间的航线、主要港口间航线及港口与航路连接点间航线等信息。其中,航线以插图及表格的形式给出。

4.索引(Index)

索引按各项资料的字母顺序排列。读者在查阅时可以根据所要查阅资料的字母顺序查得该资料的内容所在的页数,便于阅读。

(三)使用注意事项

(1)本书发行后,旧版作废,到下一版出版前的改正资料均在英版《航海通告》的第Ⅶ部分印出。到年底仍有效的改正资料在英版《航海通告年度汇编》第二部分[NP247(2)]进行重印。另外,至今仍有效的改正资料一览表在每季度末期《航海通告》中印出。有关新版《世界大洋航路》的出版及作废消息均发布于英版《航海通告》的第Ⅰ部分。

(2)除非参阅最新版补篇和周版《航海通告》Ⅶ部分,否则不应使用该书。

(3)在使用本书时,应结合适当的海图和参阅《海员手册》《灯标表》《无线电信号表》《航海通告年度汇编》《潮汐表》等。

(4)在使用本书时,应仔细阅读本卷的卷首部分,了解使用的注意事项。查阅推荐航线时,应仔细阅读第一章关于航线设计及水文气象资料,以及世界气象统计图和浪高图,从而了解未来航区内的水文气象条件和航行注意事项。

(四)推荐航线的查阅方法

(1)根据出发港和目的港,参考相关总图或大洋图,了解推荐航线的大概情况,以及途经哪些重要的港口和航区。

(2)根据航行海区范围,查阅该书任意一卷的封底,确定所需要的卷别。

(3)根据航行海区范围,查阅目录,确定推荐航线所在章节及页数。

(4)翻到相关章节,可找到航线插图,然后可根据出发港和目的港名称从图中找到所需航线。图中的航线还给出航线上各转向点的编号,根据该编号可以从后方的表格中找到各转向点的名称及经纬度。

下面,以查阅上海到新加坡的航线为例,介绍推荐航线的查阅方法。

（1）根据航线所经海区查阅任意一册《世界大洋航路》的封底，确定所需的卷别为NP136(2)。

（2）翻开NP136(2)目录，根据航行海区，找到相关航线资料在书中第三章。

（3）翻到第三章，从其中插图中可以找到上海到新加坡的航线示意图，图中还有各个转向点编号，各转向点经纬度可根据转向点编号查看后方表格。

在查阅推荐航线时，还应注意以下几个问题：

（1）根据航次任务确定的始发港或目的港，有时书中并未提及，此时，可采用始发港或目的港附近的港口或重要航路点予以代替。

（2）始发港和目的港有时不在同一海区，其至不在同一卷中，此时应通过各海区的航路连接点（Connector）分别查阅各海区的航路，并将它们进行连接。以上海到塞得港为例，应首先从NP136(2)第三章中查得上海到马六甲海峡西北部（Malacca Strait NW）的航线，然后从NP136(2)第二章中查得马六甲海峡西北部（Malacca Strait NW）到塞得港（Port Said）的航线。

（3）另外，《世界大洋航路》给出的推荐航线为通常天气条件下的航线，船舶应根据本船的条件和当时的环境条件具体分析，以便设计出一条最安全经济的航线。

二、每月《航路设计图》

（一）概述

目前，航海上应用的每月《航路设计图》（Routing Chart）有中、英、美、澳等多个版本。这些版本的内容与结构大同小异，中国远洋船舶上常用的是英版每月《航路设计图》。

目前，英版每月《航路设计图》共分为北大西洋、南大西洋、印度洋、北太平洋、南太平洋、马六甲海峡到马绍尔群岛、墨西哥湾和加勒比海、地中海和黑海、阿拉伯海和红海、孟加拉湾等12个海区，每个海区每月1张，共计144张。有关各航路设计图的分区界限可查阅英版《海图及航海出版物目录》第四部分的"Routing Chart"。

该海图的投影性质为墨卡托投影。它可以作为总图供船舶拟定航行计划，研究总的航行条件用。它是拟定大洋航线的重要参考资料，可与英版《世界大洋航路》配合使用。

（二）主要内容

以2013年12月出版的北太平洋海区《航路设计图》[5127(12)]为例，每月《航路设计图》的主要内容包括以下几个部分：

1.推荐航线（Shipping Route）

连接港口间的绿线为推荐航线，其上还给出了以海里为单位的航程，曲线为大圆航线，直线为恒向线航线。

2.洋流(Ocean Currents)

蓝色箭头表示洋流流向,不同形状的箭头表示该方向上的洋流的稳定度,其后的数字表示洋流的流速,例如:

　　——→ 表示该方向上洋流的稳定度大于75%。

　　—　→ 表示该方向上洋流的稳定度为50%~75%。

　　— - -→ 表示该方向上洋流的稳定度小于50%。

　　·······→ 表示该洋流可能的流向,观测资料不足。

3.风花(Wind Roses)

红色圆圈和许多不同形状的红色箭头组成风花,表示当地盛行风在该月份的可能方向、风级及其出现的百分率。箭头的长度表示该方向上的风出现的百分率,箭杆越长,百分率越高。箭头的方向为风向。箭杆的形状不同,表示风级不同。风花中间有三个数字,最上面的数字表示多年来在该月份对该地区风的总的观测次数;中间数字表示不定风占全部观测次数的百分率;最下面的数字表示无风的百分率。

4.冰区界限(Ice Limits)

浅蓝色波浪线表示海冰密集度在12%的界限。

5.国际载重线区域界限(Limits of Load Line Zone)

依据1998年《国际船舶载重线公约》,不同的颜色表明船舶在本月的特定区域可以使用的最大吃水载重线区域界限。绿色表示热带载重线使用区带,橙红色表示夏季载重线使用区带,浅蓝色表示冬季载重线使用区带。有关载重线区域的详细情况可参阅英版海图D6083。

6.四个附图

(1)平均气温气压图:图上绿线为以摄氏度(℃)为单位的海面月平均气温等温线。红线为以百帕(hPa)毫巴(mbar)为单位的海面月平均气压等压线。

(2)雾与低能见度图:图上绿线为能见度低于5 n mile的情况出现的百分率等值线。红线为能见度低于0.5 n mile的情况出现的百分率等值线。

(3)露点温度与平均海水温度图:图上红线为以摄氏度(℃)为单位的露点温度等温线。绿线为以摄氏度(℃)为单位的本月平均海水温度等温线。

(4)大风频率与热带风暴路径图:图上绿线是指出现7级或7级以上大风的百分比等值线。红线是指多年来产生于本月份的热带气旋路径。

(三)推荐航线的查阅

查阅推荐航线首先应根据海区在英版《航海图书目录》中,找出所需要的每月《航路设计图》,推荐航线情况直接从海图上获取。首先通过地理经纬度在海图上找出发港和目的港口的大致位置,然后查找推荐航线。连接港口或大圆航线终点间的线为推荐航线,其上给出了以海里为单位的航程。《航路设计图》采用墨卡托投影,曲线为大圆航线,直线为恒向线航线。如果没有直接连接出发点和到达点的直线或曲线,则可以其附近的港口或中间点代替。查阅航线的同时应注意其他航海资料的获取。

例题 4-1:M 轮吃水 8.69 m,计划 8 月 6 日从秦皇岛港至旧金山港,试利用每月《航路设计图》查找从秦皇岛至旧金山的推荐航线。

解析:1.根据《海图及航海出版物目录》第四部分中的"航路设计图(Routing Chart)"索引图,抽选"East China Sea"海区及"North Pacific"海区 8 月份的《航路设计图》,图号为 5150(8)、5127(8)。

2.结合《世界大洋航路》,阅读 5127(8),查找推荐航线。图上没有直接连接秦皇岛和旧金山的直线或曲线,可以使用 5150(8)中国沿海部分航线连接函馆(Hakodate)和函馆(或津轻海峡)至旧金山的推荐航线。函馆至旧金山的推荐航线大致为:从津轻海峡起至 47°N,180°E 采用恒向线,从 47°N,180°E 至旧金山采用大圆弧。综合《世界大洋航路》和《航路设计图》5127(8),可知从秦皇岛至旧金山的大致航线为:秦皇岛—老铁山水道—成山角—济州海峡—朝鲜海峡(西)—津轻海峡—(47°N,180°E)—旧金山(37°45′N,122°40′W)。

3.查阅其他必需的航海资料。

查阅每月《航路设计图》,查出未来航区的盛行风、洋流、大风和热带风暴路径、载重线区界以及其他水文气象信息。

(1)盛行风:在 8 月份,航线经过海区盛行西风、西南风,阿留申群岛以南可能碰到 5~6 级风,很少有大风。

(2)洋流:在 8 月份,航线经过海区流向东,流速小于 0.5 kn,顺流。

(3)海冰:无海冰影响。

(4)大风和热带风暴路径:日本海附近可能出现热带风暴,北太平洋航线出现大风的频率较低。

(5)雾与低能见度:日本北海道东部沿海出现雾与低能见度的可能性较大,北太平洋阿留申群岛以南海区出现雾与低能见度的频率较高。

第三节　航路指南

航路指南提供了在海图上没有的但与航行安全密切相关的资料。它是拟定近海航线的重要参考资料。

一、中国航路指南

（一）概况

《中国航路指南》是由中国人民解放军海军海道测量局不定期出版,有关各卷的出版消息可查阅中版《航海通告》的第Ⅰ部分。有关《中国航路指南》现行版的出版年份可查阅中版《航海图书目录》的第三部分"航海书表"。

《中国航路指南》共有三卷,分别为《中国航路指南》(黄、渤海海区)、《中国航路指南》(东海海区)、《中国航路指南》(南海海区),其编号分别为 A101、A102、A103。各卷所覆盖的范围如下:

(1)《中国航路指南》(黄、渤海海区):记述的海区范围为北起鸭绿江口,南到长江口北角,包括渤海、黄海及沿海岛屿。

(2)《中国航路指南》(东海海区):记述的海区范围为北起长江口北角,南到闽粤交界处的诏安湾的我国东海海区,包括舟山群岛、台湾岛、钓鱼岛及赤尾屿等沿海群岛和岛屿。

(3)《中国航路指南》(南海海区):记述的海区范围为东起闽粤交界处的诏安湾,西至北仑河口的我国南海海区,包括海南岛及南海诸岛。

有关各卷的覆盖范围可查阅中版《航海图书目录》第三部分"航海书表"。

（二）主要内容

1.前言

各卷的"前言"部分主要介绍了本卷《中国航路指南》所记载的海区范围、资料截止日期、《航海通告》的改正日期以及本卷《中国航路指南》的出版情况及书中各章的主要内容。例如,《中国航路指南》第一卷(2016 年版)的"前言"指出,"《中国航路指南》(黄、渤海海区)记述的海区范围为北起鸭绿江口,南到长江口北角,包括渤海、黄海及沿海岛屿",并同时指出"该指南资料截至 2016 年 3 月,航海通告改正到 2016 年第 35 期"。

2.说明

(1)保持《中国航路指南》现势性的说明。例如,2016 年版《中国航路指南》(黄、渤海海区)的"说明"中特别注明"为了保持现势性,本书一般 5 年改版一次,并视情况编制补篇,新补篇包括前期补篇中的保留部分。新补篇出版后,前期补篇即行作废。本书应与其最新版补篇、海图及《航海通告》结合使用。

(2)坐标系说明。2016 年版《中国航路指南》采用 CGCS2000 坐标系。

(3)其他说明,主要对有关航向与方位、水深、长度和距离单位、温度、降水量、气压、风速及航道左右侧的划分、海角的位置点、船舶与岛礁间的距离等做了说明。

3.中国航路指南索引图

中国航路指南索引图给出了书中各章描述的海区范围及部分海图的范围。

4.正文内容

各卷的结构大体一致。一般第一章为总述,主要介绍了本卷《中国航路指南》所覆盖海区的概况(包括地理位置、沿岸地形、海岸和干出礁、海底地形、岛屿分布等),气象水文资料及航路、港湾、航标、航泊限制、航海保证等信息,供航海人员研究该海区总的航行条件用。此后各章节分海区介绍各海区的概况、水文气象、助航标志、航行障碍物、水道航法、港湾锚地等资料。

各卷正文的第一章“总述”还有大量的插图资料,如海底地形示意图、底质分布示意图、中国沿海入射潮波传播示意图、沿岸潮汐性质分布图、平均最大潮差曲线图、等潮时线图、表层海流图(1月、4月、7月、10月各1张)、风浪图(1月、7月各1张)、涌浪图(1月、7月各1张)、海面风图(1月、4月、7月、10月各1张)、台风移动路径图、航法图、本海区主要港口分布图等。

5.附录

各卷的后面一般印有与航行安全有关的重要文件,包括《中华人民共和国海上交通安全法》《中华人民共和国对外国籍船舶管理规则》《中华人民共和国船舶交通管理系统安全监督管理规则》《船舶引航管理规定》《中国船舶报告系统船长指南》等。

(三)查阅方法

《中国航路指南》的查阅方法比较简单,主要依靠各卷前面“中国航路指南(X)海区索引图”或直接通过目录来进行查阅,方法如下:

(1)根据所要了解海区的地理位置,结合《航海图书目录》确定所需的《中国航路指南》的卷别。

(2)根据所要了解海区的地理位置,查阅“中国航路指南(X)海区索引图”,可得该海区所在的章节。

(3)根据该章节编号,查阅本卷目录,即可知该章内容所在的页数。

(4)翻至该页,即可查阅有关信息。

例题4-2:利用《中国航路指南》(2016年版)查阅大连港到老铁山西角的主要助航标志。

解析:(1)根据大连港到老铁山西角的地理位置,查阅《航海图书目录》第三部分“航海书表”的《中国航路指南》索引图,确定所需的《中国航路指南》为A101。

(2)利用A101“中国航路指南(黄、渤海)海区索引图”确定所要查阅的内容位于第二章。

(3)查看第二章目录,找到大连港到老铁山西角位于第五节,从第五节的目录中找到“助航标志”位于第74页。

(4)翻到第74页,可找到该海区主要助航标志有:三山岛、大三山岛灯塔、遇岩、大黑山、圆岛、沙坨子灯塔、黄白咀灯塔、老偏岛、二坨子岛及东西大连岛、小平岛、四坨子、老铁山、老铁山西角灯塔,对于一些重要的灯塔还有专门的对景图可供识别。

例题 4-3：利用《中国航路指南》(2016 年版)查阅大连到青岛的推荐航线。

解析：(1)根据所要查阅的航线的地理位置,结合《航海图书目录》第三部分"航海书表",确定所需的《中国航路指南》卷别为 A101。

(2)翻阅 A101 目录,可从第一章第四节"航路概述"中找到推荐航线,其中大连到青岛的推荐航线在第 44 页。

(3)翻到第 44 页,可找到推荐航线的详细内容。其内容包括相关海图、航行条件介绍、主要航线介绍及注意事项等,船舶可根据自身条件进行选择。

(四)使用注意事项

(1)阅读《中国航路指南》前,应首先了解目录及内容的编排细节,便于查阅。

(2)阅读《中国航路指南》时,应特别注意阅读各卷的卷首说明,以正确理解有关概念。

(3)阅读《中国航路指南》时,应注意与所引用的海图相对照,以正确理解有关内容。

二、英版《航路指南》

英版《航路指南》(Sailing Directions)由英国海道测量局(UKHO)出版,书号为 NP1～NP72,共 70 余卷,大约每隔 3 年出版一次。其范围覆盖了世界上所有可航水域,内容涵盖航海危险物、浮标系统、引航、规章、有关国家的一般说明、港口设施、季节性水流、冰和气候条件等信息,用于补充英版海图及其他出版物的不足。有关各卷的分区界限可查阅英版《海图及航海出版物目录》中的第 5 部分"Publications"。

(一)卷首说明

英版《航路指南》各卷的卷首说明略有不同,使用时应仔细阅读,但大致的内容基本相似,一般包括以下内容:

1.关于英版《航路指南》的改正

英版《航路指南》大约每隔 3 年出版一次新版。其出版消息在英版《航海通告》第Ⅰ部分发布。其现行版本一览表在季末一期英版《航海通告》的 1B 部分及每 6 个月一期的《航海通告累积表》(NP234)中公布。该一览表也可通过英国海道测量局(UKHO)网站 admiralty.co.uk/maritime-safety-information 获取。在该书使用期间,其改正资料在英版《航海通告》的第Ⅳ部分中发布。仍有效的改正资料一览表在季末一期《航海通告》第Ⅳ部分中发布,到年底仍有效的通告在次年年初由英版《航海通告年度汇编》第二部分[NP247(2)]予以重印。

2.前言部分

前言部分一般列有编写该卷《航路指南》的资料来源及所参阅的资料和文件。

3.英版《航路指南》的主要作用

英版《航路指南》详细记载了纸质海图、ENC 或其他出版物上所没有的但对航行安全所必需的航海资料。它应与适当的海图及 ENC 结合使用。

4.英版《航路指南》内容编排

（1）每卷都有一张索引图,标示了每章的地理范围,用于确定各章包含所需的信息。

（2）每章的第一页都有一个索引图,索引图中箭头或港口上都有一数字。该数字用于表示的是对应信息在书中的起始段落号。

（3）每章的内容分为节,每节又分为小节,对航道或主要港口等进行了描述。对于一些小港口,则包含在航道的描述中。

（4）全书的一般信息包含在第一章。其他章开头的一般信息是与全章有关的资料,包括地形、危险物、引航、VTS 和交通规则、自然条件等内容。每小节的一般信息只与该小节有关。

5.联系方式与获取方式

英国海道测量局(UKHO)的联系方式及英版海图与出版物的获取方式列于此部分。

6.与本书相关的出版物

与本书相关的出版物主要有英版《航海通告》《海员手册》《灯标与雾号表》《无线电信号表》《潮汐表》等。

7.重要问题的说明

（1）浮标:一般只有在它们有特殊的航海用途或海图的比例尺太小而不能清楚地标示出来的时候,才在本书中予以说明。

（2）章节索引图:给出每章的覆盖范围。箭头方向指示书中文本描述的方向,其上的数字表示相应的段落号。

（3）引用的海图:海图通常不在正文中引用。书中所引用的海图,一般为最大比例尺的英版海图,但偶尔也有较小比例尺者,也可能引用相关的 ENC 单元。

（4）炮火演习区和军事演习区:除潜艇演习外,其他演习一般只涉及有限的信息,但与航行安全有关的信号和浮标有时也在其中予以说明。关于此部分请参阅英版《航海通告年度汇编》。

（5）名称:均来自最权威的当局。

（6）港口平面图:仅供参考,不能用于航行,应使用适当比例尺的海图。

（7）有关的潮汐资料:本指南中未提及,应参阅英版《潮汐表》。

（8）时间差:书中使用的时间为当地标准时间,必须留意有些地区使用季节性的夏令时。

（9）沉船资料:只包括对航行或锚泊有显著影响的干出或水下沉船的有关资料。

8.缩写

本部分对正文中所使用的缩写进行了解释。

9.词汇表

本部分对正文中所使用的名词进行了解释。

10.章节索引图

本部分列出了章节的索引图。

（二）主要内容

1.第一章

英版《航路指南》每卷的第一章都有三个内容：

（1）航行与规则（Navigation and Regulation）：包括本卷范围、航海危险物、交通与作业、海图、助航标志、引航业务、无线电设施、规则、信号、遇险与救助等。

（2）国家（Country）：包括一般情况、国家界限、政府、人口、语言、工作及贸易等有关信息。

（3）自然条件（Nature Condition）：包括海洋地形、洋流、潮汐与潮流、海浪与涌、海水特征、冰情、气候与气象等信息。

2.第二章及以后各章分区顺岸介绍有关的航海资料

各章航海资料的主要内容是对该章所覆盖的地区的航行条件及有关情况予以说明，包括该区域的地理情况、灯标、立标、锚地、潮流及有关引航和供应情况等。

3.各卷的一些附录、对景图及索引等

（1）附录：通常包括一些地方规则及需要特别注意的航海危险。

（2）对景图：各卷中均有一些重要物标在不同方向上的对景图,便于航海人员辨认物标。

（3）各卷的索引：位于各卷的后部，按字母顺序排列，读者在查阅时可以以地区名称的字母顺序查得该地区的内容所在的页数，便于阅读。

（三）查阅方法

（1）根据英版《海图及航海出版物目录》第五部分中的英版《航路指南》分区索引图,抽选必要的英版《航路指南》。

（2）仔细地阅读所需英版《航路指南》卷首说明部分,以便了解本卷《航路指南》的使用注意事项。

（3）仔细阅读该卷《航路指南》的第一章,掌握本卷《航路指南》所述地区的总的情况。

（4）如需查阅有关地区的航海资料时,可根据该地区的字母名称查书末的索引,即可知道有关资料所在的页数。也可通过资料所在地区,利用书中的章节索引图,确定所需资料所在的章,然后在所在各章中进行翻阅。

另外,各章还提供了一张航路索引图,其中的箭头表示航路,其上的数字表示在本章中的段落,可据此查阅所需的航路。

例题 4-4：利用英版《航路指南》查阅秦皇岛港口服务情况。

解析：（1）根据英版《海图及航海出版物目录》第五部分中的英版《航路指南》索引图，抽选包含秦皇岛海域的英版《航路指南》为 NP32B。

（2）根据该秦皇岛的字母名称查书末的索引，即可知道秦皇岛资料所在的章节号为 4.204，在秦皇岛下方找到港口服务"Port Services"所在章节号为 4.230。

（3）翻到 4.230 这一节，可以找到有关秦皇岛港口服务的有关情况。

三、英版《航海人员定线指南》

（一）概况

英版《航海人员定线指南》（Mariner's Routing Guides）主要提供重要航线的设计信息和重要航行区域的分道通航制资料，目前共有英吉利海峡和多佛尔海峡（5500）、苏伊士湾（5501）、波罗的海（5503）等 16 张海图。

该书主要介绍了上述地区的船舶定线航行的有关信息，包括使用该指南的必要性说明，定线航行应遵循的基本原则和推荐建议，定线航行应遵循的特殊原则和推荐建议，航线设计时针对深吃水船舶、航线设计时油船及散装化学品船的特殊分级，各国/地区为防油污染及危险货物污染对航行措施提出的有关规定，本区域无线电船舶报告制度的实施，向本区域内的目的港报告的有关要求，本区域内的无线电服务介绍，引航服务、潮汐信息及服务以及备忘录等方面的内容。

（二）使用方法及注意事项

海区的重要地点用洋红色文字列出了该航区的航行建议和注意事项，重要航段或航区用附图的方式予以专门说明，航海人员在使用该图进行航线设计时应仔细阅读。

第四节 《中国港口指南》与英版《进港指南》

一、中国港口指南

（一）概况

《中国港口指南》共有三卷，分别为《中国港口指南》（黄、渤海海区）、《中国港口指南》（东海海区）、《中国港口指南》（南海海区）。其书号分别为 C103、C104、C105。该书由中国人民解放军海军海道测量局出版。各卷的范围如下：

《中国港口指南》(黄、渤海海区):自鸭绿江口至长江口北角。

《中国港口指南》(东海海区):自长江口北角至闽粤交界的诏安湾。

《中国港口指南》(南海海区):自闽粤交界的诏安湾至北仑河口,包括海南岛及西沙群岛。

《中国港口指南》不定期出版,新版出版,旧版作废。有关各卷的出版消息,可查阅中版《航海通告》的第Ⅰ部分。另外,中版《航海图书目录》第三部分"航海书表"还列有现行航海图书的第1版及改版的日期,航海人员可据此决定是否需要更新有关卷别。

(二)主要内容

1.前言

以2016年版《中国港口指南》(黄、渤海海区)为例,该部分主要说明以下问题:

(1)《中国港口指南》(黄、渤海海区)详细记述了北起鸭绿江口,南至长江口北角之间的主要港口情况,重点向航海人员介绍进出港口的航行方法、航泊条件、引航、通信联络、港口设备、港口服务和规章等内容。

(2)该指南采用海道测量局最新的港口资料,深度基准为略最低低潮面。示意图采用最新海图绘制。示意图仅供参考,不能用于航海。所采用资料航海通告改正到2016年第8期。该港口指南主要供船舶进出港口时查阅,是航海人员应配备的重要参考书。

(3)使用该指南时,要充分参照《航海通告》《航标表》及海图等相关航海图书,确认其是否有所变更。

2.说明

该部分对有关航向、方位、概略方位、水深、高程、长度和距离、单位、风浪涌的方向、山峰及岛屿、港口及航道的左右侧等进行了说明。航海人员在使用本书时应提前阅读,便于正确理解有关内容。

3.正文

该书的正文部分共分三章。

第一章为总述,主要介绍海区概况、影响海区的灾害性天气(热带气旋、温带气旋和寒潮)、航标、引航、进出口检查、港口信号、海难救助、避风锚地和航路里程等有关的要求和知识。

第二章分港口,是《中国港口指南》的主体部分,除介绍航行于国际航线和沿海航线上的船舶经常进出的港口的一般情况外,还重点记述了进出港口的航行方法、航泊条件、进出港手续、引航、通信联络、装卸作业和港口服务等内容,便于航海人员及时掌握有关的港口资料。该部分中还对每一个港口列出了其港口平面图,便于读者在阅读正文有关内容时参照。

第三章为规章,包括通用规章和各港的规章。例如,《中华人民共和国港口法》《中华人民共和国船舶载运危险货物安全监督管理规定》《国际航行船舶出入境检验检疫管理办法》,以及本区域的有关船舶报告、定线航行、禁航区的规定等,便于船舶及时了解有关航行法规。

4.查阅方法

（1）根据港口所在的区域确定查阅的卷别。

（2）根据港口名称在该卷的"目录"部分中查出该港口资料所在的页数。

（3）翻至相关的页数即可阅读有关资料。

二、英版《进港指南》

（一）概述

英版《进港指南》（Guide to Port Entry）是由英国航运指南有限公司出版并发行，每两年再版一次。新版发行，旧版作废。该书（2017/2018 年版）由上下两卷共四册组成。第一卷是以国名的首字母为 A~J 的各国港口资料组成，其中各港口资料的文字描述为一册，为港口所配的附图为一册；第二卷是以国名的首字母为 K~Y 的各国港口资料组成，其分册情况与上卷相同。

（二）主要内容

1.使用说明

（1）信息来源（Sources）。航运指南公司发布的信息均来自权威资源，但并不透露信息来源。

（2）警告性说明（Warning）。

①该书只是作为一个指南，它并不能保证完全准确，最后的责任属于船长。

②在某些港口，一些具有导航意义的项目包含于一般指导。书中的港口平面图用于一般性指导，不能用于航行。浮标的形状可能由不同的符号表示，这些符号可能是当地使用的，与国际公认的符号不同。

③使用《进港指南》时应注意参阅主管机关和水道部门发布的信息。

a.吃水。如果没有另行规定，吃水为最大安全吃水，DWT 表示夏季载重量。

b.名称。在大多数情况下，港口或设施的名称尽量引用适合当局使用的名称。

c.数字。书中出现的国际电话和传真号码已标准化，使用规范格式。

关于船长报告的说明（Reports）：它指出"本指南的以前版本载有一些较旧的船长报告和在其他出版物及指南中已出现的航海信息已在本版中取消，因此航海人员可以保留以前的版本供进一步参考"。

2.目录

《进港指南》（2017/2018 版）的目录放在了该书第一卷的前面，共分 3 栏。第一栏为按字母顺序排列的国家名称，第二栏为该国港口资料正文所在的卷别，第三栏为该国港口资料正文所在的页数。

3.港口的二维码

在书中,每个港都带有一个二维码。该二维码链接到 findaport.com 上该港口的信息,其中数据每天更新。

4.正文

该书的正文部分按国家名称的字母顺序编排,每一个国家中的主要港口又按港口名称的字母顺序列出了各港口资料。它主要包括港口名称及经纬度(Port Name,Lat. & Long.);进出港所需单证文件(Documents);引航(Pilotage);锚地(Anchorage),包括界限、水深和区域;进出港最大尺度(Max Size),主要是最大允许吃水和船舶总长;健康(Health)包括检疫要领;无线电台及呼号(Radio Station & Call Sign);VHF 服务;雷达(Radar);拖船(Tug);泊位(Berth);起重设备(Crane);散货设施(Bulk Cargo Facilities);特殊货物作业设施(Special Cargo-Handling);桥梁及净空高度(Bridge & Air Draft);装卸工(Stevedore);医疗(Medical Care);油船作业(Tanker);海水密度及盐度(Sea Density & Salinity);淡水供应(Fresh Water Supply);燃料(Fuel);防火(Fire Precaution);领事(Consuls);修理(Repair);干船坞(Dry Dock);船舶检验(Survey);舷梯与看船人(Gangway & Watchman);开关舱(Switch Hatches);海关烟酒允许量(Customs Allowances);装卸货设备(Cargo Gear);遣返回国(Repatriation);机场(Airport);时制(Time);节假日(Holidays);警察/急救/火灾(Police/Ambulance/Fire);应急协调中心(Emergency Coordination Center);特别服务(Special Service);银行(Bank);物料供应(Ship's Store Replenishment);船员登岸(Shore Leave);证件(Identification);垃圾处理(Garbage Disposal);废油处理(Waste Oil Disposal);现金兑换(Cash Exchange);海员俱乐部(Seamen's Club);港口特别规定(Special Regulation);在装卸货、靠泊或加装燃油过程中可能遇到的延迟(Delay in Berthing,Loading,Discharging or Bunkering Can Normally be Expected);船长/驾驶员报告(Ship Master's/Ship Officer's Report);其他资料(Other Information);港口当局的地址、电话(Address & Telephone Number of Port Authorities);代理(Agent)等。

5.港口平面图

该书独立分册列出了有关港口的港口平面图(Port Plan),便于读者在阅读正文有关内容时参照。该书的编排格式与正文版的相同,使用时需要与正文版相互参考,便于正确理解有关内容。

6.索引

《进港指南》(2017/2018 版)的索引放在书末,共分 3 栏。第一栏为按字母顺序排列的港口名称,第二栏为港口资料正文所在的页数,第三栏为港口平面图所在的页数。

(三)查阅方法

(1)根据港口所在国家的名称首字母确定查阅的卷别。

（2）根据港口名称在该卷后面的"索引（Index）"部分中查出该港口资料及平面图所在的页数。

（3）翻至相关的页数即可阅读有关资料。

第五节　中版《航标表》与英版《灯标与雾号表》

一、中版《航标表》

（一）概况

中版《航标表》由中国人民解放军海军海道测量局出版，共分五卷，分别为《航标表》（黄、渤海海区）、《航标表》（东海海区）、《航标表》（南海海区）、《航标表》（太平洋北西部）和《航标表》（北印度洋）。其书号分别为 G101、G102、G103、G201 和 G301。目前，中国远洋船舶常用的是 G101、G102、G103。各卷的范围如下：

《航标表》（黄、渤海海区）：自鸭绿江口至长江口北角。

《航标表》（东海海区）：自长江口北角至闽粤交界的诏安湾。

《航标表》（南海海区）：自闽粤交界的诏安湾至北仑河口，包括海南岛及西沙群岛。

有关各卷《航标表》的分区界限可查阅中版《航海图书目录》的第三部分（航海书表）。中版《航标表》每年出版一次。新版出版，旧版作废。有关各卷的出版消息，可查阅中版《航海通告》第一部分。

（二）主要内容

以 2020 年版《航标表》（黄、渤海海区）为例，其主要内容如下。

1.说明

（1）航标的编排

此部分主要介绍了中国沿海航标表所记载的航标资料情况、分卷情况和航标的编号原则等。航标的编号原则一般是按地理位置由北向南、由东向西，按进港的顺序排列。

（2）航标的地理位置

航标表所载各航标的位置（经纬度）均系采用 CGCS2000 国家大地坐标系。

经度以格林尼治子午线为基准。

方位均为真方位，自真北 000°，顺时针方向转至 360°。

距离以米计算。

（3）航标灯光的说明

灯光性质：现在有定、闪、快闪、甚快闪、明暗、等明暗、莫尔斯、互光等，共 13 种，详细说明请参阅"航标灯质图解"。

灯光射程：通常指在晴天黑夜条件下，按照观察者眼高在海面上 5 m 所能看到灯塔（桩）灯光的距离，以海里表示之。

灯高：均指平均大潮高潮面至灯光中心的高度，以米表示之。构造栏内所记载的高度则系灯塔（桩）本身的高度（自地面至灯顶）。

光弧界限（扇形光）依顺时针方向记载，方位为自海上视灯光的真方位。

因受大气情况变化的影响，光弧界限有时不甚分明，航海人员不能专靠光弧的灯光颜色测定船位，而应力求以灯的方位定位。

（4）海区水上助航标志制度

中国海区水上助航标志制度是按照《中国海区水上助航标志》（GB 4696—2016）的规定实行。此标准适用于中国海区及其港口、通海河口设置的水上浮标和作用与浮标相同的水中固定标志（不包括灯塔、扇形光灯标、导标、灯船和大型助航浮标）。

此标准包括 6 类标志：侧面标志、方位标志、孤立危险物标志、安全水域标志、专用标志和应急沉船示位标。它们可以结合使用。各种标志的作用和特征，参阅《中国海区水上助航标志》（GB 4696—2016）简图。凡设于水中的立标和灯桩，其设标点的高程在平均大潮高潮面以下，标志的基础或标身的一部分被平均大潮高潮淹没，而且作用与浮标相同者称为水中固定标志。它的颜色、顶标和灯质均须与相应的浮标或灯浮标一致。

灯浮标和浮标的编号系遵循航道走向顺序排列。

（5）灯船

中国海区的灯船船身及灯架均涂红色，船身两舷写白色的船名。灯质根据需要而定。

有人看守的灯船漂离原位时，分别悬挂下列信号：

日间：在船首尾各悬挂黑球一个或红旗一面，并悬挂国际信号旗"PC"，表明"本船不在原位"。

夜间：在船首尾各悬挂红灯一盏。

当有人看守的灯船离开原位时，原发放的灯光和雾号即停止工作。

（6）无线电航标

无线电航标包括雷达应答器、船舶自动识别系统（AIS）、无线电指向标、差分全球定位系统（DGPS）、差分北斗导航卫星系统（简称差分北斗）等。其详细信息均刊载在《中国海区无线电信号表》（书号 F101）内。安装在视觉航标上的无线电导航设备均在《航标表》中各航标的附记栏加以提示。

（7）其他

灯光射程在 15 n mile 及以上的灯塔（桩），其名称在本表内用黑体字排印。

浮标与无人看守的灯船容易漂离原位或灯光熄灭，尤其在暴风雨之后更易发生上述现象，航海人员应加以注意。

附记栏内注有"内河标"者，为内河标志，其资料变化较快，仅供参考。

罗经校正场、测速场供船舶校正罗经、测定航速使用。

本表采用资料截至 2020 年 10 月初,航海通告改正至 2020 年 41 期。凡使用本表的用户,需及时根据航海通告的有关内容对航标表进行改正。

本表自刊行之日起使用。

2. 目录

目录列出了 5 部分内容,分别为:

(1)航标灯质图解:主要介绍常见航标灯质的分类、说明、缩写及图解。

(2)《中国海区水上助航标志》国家标准简图:该部分对侧面标志、方位标志、孤立危险物标志、安全水域标志和专用标志的形状、灯质、顶标、颜色及遇到上述标志时的航法进行了说明。

(3)航标索引图:在该图中以红色箭头表示航标的编排顺序,以红色圆点表示灯塔、灯桩的位置,用红色圆圈表示灯浮、浮标的位置,用红色数字表示该航标在本表中所在的页码。

(4)航标表

航标表以编号、名称、位置、灯质、灯高、射程、构造及附记 8 项内容描绘各灯标的细节。

(5)罗经校正标、测速标表

罗经校正标与测速标以场为单位,用前面加注"L"或"C"的偶数编排,奇数用作新插入标,共有 4 项:

①名称:按分组及前后顺序排列。

②位置:给出了各标志的位置,有的是以方位距离表示,有的是以经纬度表示。

③构造:给出了标志的颜色、标身形状及顶标,便于白天识别。

④附记:列出了该场的叠标方位及某些叠标之间的距离。

在该部分中还给出了各罗经场、测速场的位置插图。

另外,各卷的前面还列有改正登记表,供改正后登记。

(三)查阅方法

《航标表》的查阅方法如下:

(1)根据航标的地理位置确定中版《航标表》的卷别。

(2)根据航标的地理位置查阅《航标表》前面的"航标索引图",可在该航标的位置附近看见一红色的数字。此数字为该航标所在的页数。

(3)翻至该页,即可阅读该航标的有关资料。

例题 4-5:利用中版《航标表》查阅大连到烟台航线附近遇岩灯塔的详细资料。

解析:通过遇岩灯塔的地理位置,选用中版《航标表》(黄、渤海海区),翻至航标索引图,在成山角位置找到红色数字 44,翻至 44 页,即可找到成遇岩灯塔的详细资料。

二、英版《灯标与雾号表》

英版《灯标与雾号表》(Admiralty List of Lights and Fog Signals),简称英版《灯标表》,由英

国海道测量局(UKHO)出版。本书(2020/21 年)共有 A、B、C、D、E、F、G、H、J、K、L、M、N、P、Q 等 15 卷。它们提供了世界范围内所有固定灯光、雾号和一些有导航意义的发光浮动标志的细节资料。有关各卷的分区界限可查阅英版《海图及航海出版物目录》第五部分中的《灯标表》分区索引图或各卷《灯标表》的最后一页。

各卷《灯标表》每年重新出版一次,出版消息需查阅英版《航海通告》的第 I 部分,并可从该部分中获取新购入的《灯标表》的改正开始日期。新版出版,旧版作废。各卷《灯标表》依靠英版《航海通告》的第 V 部分进行改正。

(一)主要内容

1.辅助及解释性说明

(1)本书的改正方法及改正记录,介绍了英版《灯标表》的改正方法(Directions for Updating This Volume),并附带周版《航海通告》的改正记录(Record of Updates)。

(2)目录。

(3)灯标位置和灯标编号表(Lihgt Location and Light Numbers),给出不同地理位置的灯标编号。

(4)编写本书的目的。

(5)英版数字《灯标表》简要介绍了该表的使用、更新、硬件和平台要求、附加信息及分区界限图。

(5)英版《灯标表》的分区索引图。

(6)本书总体说明(General Information)。

①一般性说明包括本书的介绍、国际灯标编号、国家编号等信息。

②特殊说明(Special Remarks)列出了采用额定光力射程的国家和地区,未列出的国家和地区则采用光力射程,并给予一些必要的说明;同时也介绍了《灯标表》中各栏的内容。

(8)地理能见距离表(Geographical Range Table)列出了以米(m)和英尺(ft)为单位不同的测者眼高和物标高程所对应的以海里(n mile)为单位的地理能见距离。

(9)照距图或光达距离图(Luminous Range Diagrams)在夜间灯塔灯光可见的情况下,可以帮助航海人员根据观测时的气象能见度确定大概的灯塔照射距离。

该表由顶边的额定光力射程、底边的灯光强度、左边的照距及表中不同的能见度曲线组成。部分国家的灯塔射程采用额定光力射程(Nominal Range),查表时直接使用即可。部分国家的灯塔射程采用的是能见度为 20 n mile 时的光力射程。其光达距离的传递系数为 0.85,即用该 20 n mile 时的光力射程作为查表引数求灯塔的光达距离时,其实际的光达距离应为查表距离的 0.85 倍。

(10)航标灯质图解(Light Characteristics and Co-located AIDS to Navigation),对不同的灯质通过文字和图示的形式进行说明。

（11）缩写和词汇（Abbreviations and Glossary）。

2.《航标表》主表

主表为该卷《灯标表》的主要内容,记述了该书所覆盖地区内的各灯标细节,有 8 项内容,分别为:

第一栏:灯标编号（Number）。

第二栏:灯标的名称位置。地名为大写,灯标射程等于或大于 15 n mile 者,其内容用黑体字（Bold）印刷;射程小于 15 n mile 者,其内容用正体字（Roman Type）印刷,灯船用大写斜体字（Italic Capital）印刷。

第三栏:经纬度（Latitude & Longitude）。

第四栏:灯质与灯光强度。

第五栏:灯高。

第六栏:射程（单位为 n mile）。射程等于或大于 15 n mile 者,用黑体字印刷;射程小于 15 n mile 者,其内容用正体字印刷。

第七栏:灯标结构及塔（标）高。

第八栏:备注。

3.索引表（Index）

每卷《灯标表》的后面均有一个"索引表（Index）"。该索引表由 2 栏组成,一栏为灯标名称,按名称的英文字母顺序排列,一栏为灯标的编号。

（二）查阅方法

航海人员若想了解某个灯标的详细资料,可以根据灯标的名称,查后面的索引,得到灯标的编号,根据编号便可查阅灯标的有关资料。

例题 4-6: 利用英版《航标表》查阅日本 Erimo Misaki 灯塔的详细资料。

解析: 利用英版《海图及航海出版物目录》第五部分中的《灯标表》分区索引图找到日本属于英版《航标表》的 M 卷（NP85）。翻开 NP85 书后的索引,找到 Erimo Misaki 的编号为 M6802,翻至 M6802 所在的页数（316 页）,即可找到 Erimo Misaki 灯塔的详细资料。

三、英版数字《灯标表》

英版数字《灯标表》（Admiralty Digital List of Lights）,由英国海道测量局（UKHO）出版。该资料共有 Area 1+2～Area 10 等 9 卷,有关各卷的分区界限可查阅英版《海图及航海出版物目录》第二部分（Digital Services）中的分区界限图或每卷卷首内的英版数字《灯标表》分区界限图。英版数字《灯标表》提供了全球最全面的灯标、雾号的信息,包含了 85 000 多个灯标的数据。与纸质版的英版《灯标表》相比具有以下优点:

1.更新更简单、快捷

每周的电子更新可以通过互联网下载/电子邮件或光盘的形式来完成。

2.查找更简单、快捷

用户通过搜索的方式可方便、快速地查找到航标资料。

3.使用更简单、快捷

船员可以打印或输出信息,使用变得更简单、快捷。

第六节　英版《无线电信号表》

一、简介

英版《无线电信号表》(Admiralty List of Radio Signals,ALRS)由英国海道测量局(UKHO)出版。本书(2020/2021 年)共分 6 卷 16 册,每年的卷数及册数都可能发生变化。英版《无线电信号表》每年出版一次。新版出版,旧版作废。有关英版《无线电信号表》各卷的出版消息可查阅英版《航海通告》的第Ⅰ部分,并可从该部分中获取新购入的英版《无线电信号表》的改正开始日期。新书出版后,根据英版《航海通告》的第Ⅵ部分进行改正。英版《无线电信号表》对于船舶的航行和操作至关重要,各卷书涵盖了世界上关于海洋无线电通信各方面最全面和最权威的信息来源。现在所有的卷都以数字格式提供,搜索和更新更方便、快捷。

英版《无线电信号表》(2020/2021 年版)各卷的主要内容如下:

(1)第一卷(Volume 1):海上无线电台(Maritime Radio Stations,NP281)。

该卷由 2 册组成。第一册覆盖欧洲、非洲和亚洲(不包括远东地区)。第二册覆盖美洲、远东地区和大洋洲。2 册的分区界限图可从英版《海图及航海出版物目录》第五部分中的英版《无线电信号表》或每册的最后一页查得。

(2)第二卷(Volume 2):无线电助航标志、差分全球定位系统、法定时间、无线电时号和电子定位系统[Radio Aids to Navigation,Differential GPS(DGPS),Legal Time,Radio Time Signals and Electronic Position Fixing Systems,NP282]。

该卷由 2 册组成。第一册覆盖欧洲、非洲和亚洲(不包括远东地区)。第二册覆盖美洲、远东地区和大洋洲。2 册的分区界限图可从英版《海图及航海出版物目录》第五部分中的英版《无线电信号表》或每册的最后一页查得。

(3)第三卷(Volume 3):航海安全信息服务(Maritime Safety Information Services,NP283)。

该卷由2册组成。第一册覆盖欧洲、非洲和亚洲(不包括远东地区)。第二册覆盖美洲、远东地区和大洋洲。2册的分区界限图可从英版《海图及航海出版物目录》第五部分中的英版《无线电信号表》或每册的最后一页查得。

(4)第四卷(Volume 4):气象观测站(Meteorological Observation Stations,NP284)。

该卷主要包括全球气象观测站的有关信息。

(5)第五卷(Volume 5):全球海上遇险与安全系统(Global Maritime Distress and Safety System,GMDSS,NP285)。

该卷主要包括全球海上遇险与安全系统及相关规则与资料。

(6)第六卷(Volume 6):引航服务、船舶交通服务和港口作业(Pilot Services,Vessel Traffic Services and Port Operations,NP286)。

该卷目前由8册组成。第一册[NP286(1)]覆盖英国与欧洲(不包括北极、波罗的海和地中海海岸);第二册[NP286(2)]覆盖欧洲、北极和波罗的海海岸(包括冰岛和法罗群岛);第三册[NP286(3)]覆盖地中海、黑海、里海和苏伊士运河;第四册[NP286(4)]覆盖印度次大陆、东南亚和大洋洲;第五册[NP286(5)]覆盖北美洲、加拿大和格陵兰岛;第六册[NP286(6)]覆盖东北亚及俄罗斯(太平洋海岸);第七册[NP286(7)]覆盖中、南美洲和加勒比海地区;第八册[NP286(8)]覆盖非洲(不包括地中海沿岸和苏伊士运河)、红海和波斯湾。8册的分区界限图可从英版《海图及航海出版物目录》第五部分中的英版《无线电信号表》分区索引图或每册的最后一页查得。

在以上各卷中,航海人员常用的是第一、二、六卷。

二、英版《无线电信号表》第一卷

(一)主要内容

本卷主要内容包括全球海上通信、卫星通信服务、海岸警卫队通信、海上远程医疗援助服务、无线电检疫和污染报告、反海盗联络表等内容,还包括大量彩色插图可供参考。

(二)海上无线电台的查阅方法

利用英版《无线电信号表》第一卷的查阅海上无线电台,首先应在英版《海图及航海出版物目录》第五部分"航海图书"中找到《无线电信号表》NP281的索引图,根据地区在该索引图中确定所需要英版《无线电信号表》的卷别。

确定好卷别后,查阅的方法可以有2种,第一种方法是直接根据目录的内容进行查阅;第二种方法可以根据电台所属国家名称查阅书末索引,在国家名称下方找到要查询的电台的页码,翻到该页可找到电台的详细资料。

例题4-7:查阅我国海口(HAIKOU)海上无线电台的详细资料。

解析:1.查阅英版《海图及航海出版物目录》第五部分"航海图书"中找到《无线电信号表》NP281的索引图,根据地区在该索引图中确定所需要英版《灯标表》的卷别为NP281(2)。

2.根据我国国家名称查阅书末索引,在国家名称下方找到HAIKOU电台的页码为137页,翻到该页可找到电台详细资料。电台资料中,各项内容表示的意义可查询"Maritime Radio Stations"部分起始页的说明。

三、英版《无线电信号表》第二卷

(一)主要内容

本卷主要包括甚高频无线电测向站一览表、全球雷达信标一览表、全球自动识别系统航标一览表、全球发射 DGPS 改正的无线电信标一览表、国际标准时和夏令时、国际无线电时号广播细节、带有插图的电子定位系统等内容。

(二)查阅方法

1.索引

英版《无线电信号表》第二卷的查阅主要利用书中的几个索引进行查阅。这些索引主要有:

(1)无线电测向台索引(Index of Radio Direction-finding Stations)

该索引按无线电测向台名称的字母顺序排列,可根据无线电测向台的名称查得其详细资料所在的页数。

(2)雷达航标索引(Index of Radar Beacons)

该索引按雷达航标名称的字母顺序排列,可根据雷达航标的名称查得该雷达航标的编号,根据编号可查得其详细资料。

(3)自动识别系统航标索引[Index of Automatic Identification System Aids to Navigation(AIS AtoN)]

该索引按 AIS 航标名称的字母顺序排列,可根据 AIS 航标的名称查得该 AIS 航标的编号,根据编号可查得其详细资料。

(4)发送 DGPS 改正的无线电信标-国家索引(Radiobeacons Transmitting DGPS Corrections-Index of Countries)

该索引按国家(或地区)名称的字母顺序排列,可根据国家(或地区)的名称查得其详细资料所在的页数。

(5)发送 DGPS 改正的无线电信标索引(Index of Radiobeacons Transmitting DGPS Corrections)

该索引按无线电信标名称的字母顺序排列,可根据无线电信标的名称查得其详细资料所在的页数。

(6)无线电时号-国家索引(Radio Time Signals-Index of Countries)

该索引按国家(或地区)名称的字母顺序排列,可根据国家(或地区)的名称查得其无线电时号发射台的详细资料所在的页数。

（7）无线电时号发射台索引（Index of Stations Transmitting Radio Time Signals）

利用该索引根据无线电时号发射台的名称查得其详细资料所在的页数。

（8）无线电时号发射台呼号索引（Index of Call Signs of Stations Transmitting Radio Time Signals）

该索引按无线电时号发射台呼号的名称字母顺序排列，可根据呼号的名称查得其详细资料所在的页数。

2.查阅方法举例

以下例题，均采用英版《无线电信号表》（2020/2021 年版）。

例题 4-8：利用英版《无线电信号表》第二卷查阅加拿大 Kingsburg 无线电测向台的详细信息。

解析：（1）根据无线电测向台所在区域，查阅英版《海图及航海出版物目录》第五部分中的英版《无线电信号表》第二卷分区索引图，抽选所需的英版《无线电信号表》为 NP282(2)。

（2）查阅 NP282(2)的目录，可找到无线电测向台索引所在页数为 348 页。

（3）翻到 348 页，根据电台名称"Kingsburg"找到其所在页数为第 5 页。

（4）翻到该页可以找到 Kingsburg 无线电测向台的详细信息，如表 4-6-1 所示。

表 4-6-1　无线电测向台

Station Name	Position	Remotely Controlled by
CANADA(Atlantic Coast) VHF DIRECTION-FINDING SERVICE The VHF DF advisory service is available to vessels within range of the receiver sites listed below. Each VHF direction-finding station is remotely controlled by a Marine Communications and Traffic Servies(MCTS) Center. See diagram on page 7. Watch is kept on channel 16. Ship transmits on channel 16(distress only) in order that the station can determine its bearing. Ship's bearing from the station is transmitted on channel 16(distress only)		
…	…	…
…	…	…
Kingsburg	44°16′.53N　64°17′.25W	MCTS Halifax
…	…	…

表 4-6-1 中：

（1）"CANADA(Atlantic Coast)"：表示台站所在的国家或地区。

（2）"VHF DIRECTION-FINDING SERVICE"：只提供咨询服务。

（3）Position：表示该台站在最大比例尺海图上的位置。

（4）Remotely Controlled by：通过海事通信及交通服务中心远程控制。

例题 4-9：利用英版《无线电信号表》第二卷查阅法国的法定时详细信息。

解析：（1）根据要查阅的国家或地区位置，查阅英版《海图及航海出版物目录》第五部分中的英版《无线电信号表》第二卷分区索引图,抽选所需的英版《无线电信号表》为 NP282(2)。

(2)利用英版《无线电信号表》第二卷的目录可以找到法定时所在的页数为 304 页。

(3)翻到 304 页,根据国家或地区名称进行检索,可以找到法国的法定时位于 308 页,其具体资料如表 4-6-2 所示。

表 4-6-2 法定时

Territory	Standard Time	Daylight Saving Time		
			Begins(LT)	Ends(LT)
...	...	...	...	...
France	−1	−2	Last Sunday in March 0200h	Last Saturday in October 0300h
...	...	...	...	...

其中,"Standard Time"表示标准时,"Daylight Saving Time"表示夏令时,"−1""−2"分别表示标准时和夏令时采用的时区号,时区号后列有夏令时的起止时间。

例题 4-10:利用英版《无线电信号表》第二卷查阅长江口灯船雷达应答标的详细信息。

解析:(1)根据要查阅的航标的位置,查阅英版《海图及航海出版物目录》第五部分中的英版《无线电信号表》第二卷分区索引图,抽选所需的英版《无线电信号表》为 NP282(2)。

(2)利用 NP282(2)的目录可以找到雷达航标索引(Index of Radar Beacons)所在的页数为 349 页。

(3)翻到该页,根据雷达航标的名称进行检索,可以找到长江口灯船雷达应答标的编号为 81820。

(4)回到目录,找到雷达航标(Radar Beacons)详细资料(Service Details)所在的页数为第 12 页,翻到该页,根据雷达航标的编号进行检索,可以找到长江口雷达标的详细信息在第 32 页,如表 4-6-3 所示。

表 4-6-3 雷达应答标

Station Name	Position	Frequency (cm)	Sector	Range (n mile)	Sweep (s)	Morse	Flash (n mile)	Station Number
CHINA								
...	...	...	...	...	...	...	...	...
Changjiangkou Lt Vessel	31°06′.17N 122°32′.03W	3	360°			O		81820
...	...	...	...	...	...	...	...	...

其中:

CHINA 为所在国家。

Station Name:表示台站的名称,如本例中"Changjiangkou Lt Vessel"。

Position:表示该航标在最大比例尺海图上的位置。

Frequency(cm):表示该雷达航标的工作波段。其中"3":表示该雷达航标在 3 cm 波段工作。

Sector：表示可以收到信号的弧度范围，其为从海上观察航标的真方位。从 000°~360°顺时针度量，若该航标在所有方向上可测，则为 360°。

Range(n mile)：表示雷达航标的作用距离。

Sweep(s)：对于慢速扫描雷达航标(Slow-sweep Radar Beacon)，它是扫过整个航海雷达工作频段的时间；对于快速扫描雷达航标，则不给出扫描周期。

Morse：表示该雷达航标在雷达显示器上的莫尔斯码。

Flash(n mile)：表示莫尔斯码在雷达荧光屏上所显示的长度。

Station Number：表示台站的国际编号。

四、英版《无线电信号表》第六卷

（一）主要内容

英版《无线电信号表》第六卷主要内容包括详细的引航员信息、联系细节和程序，船舶交通服务信息、联系细节和程序，船舶报告系统，港口信息、联系细节和程序等内容，还包括大量插图对船舶交通服务和港口作业做了补充。

（二）查阅方法

英版《无线电信号表》第六卷主要是通过目录或者书末的索引进行查阅，具体步骤如下：

(1)查阅英版《海图及航海出版物目录》第五部分，找到英版《无线电信号表》第六卷分区索引图，根据所要查阅地区确定所使用的卷别。

(2)然后根据港口名称查"港口索引"，得港口资料所在的页数(也可根据国家名称查阅目录，在国家名称后方找到要查阅的港口所在的页数)。

(3)根据该页数查阅正文部分，可了解有关细节。

例题 4-11：利用英版《无线电信号表》查阅我国烟台港的引航情况。

解析：(1)查阅英版《海图及航海出版物目录》第五部分，找到英版《无线电信号表》分区索引图，确定所需要的英版《无线电信号表》卷别为 NP286(6)。

(2)然后根据港口名称"YANTAI"查阅"港口索引"，得港口资料所在的页数为 153(也可根据国家名称查阅目录，在国家名称后方找到"YANTAI"所在的页数)。

(3)翻到 153 页，查阅"Pilots"可找到烟台的引航情况如下：

CHINA

YANTAI 37°34′ N 121°31′ E

UNCTAD LOCODE：CN YNT

See diagram YANTAI VESSEL TRAFFIC SERVICE.

Pilots

CONTACT DETAILS：

Call：Yantai pilot Station

VHF Channel:Ch 16;08

Telephone:+86(0)535 6742658

Fax：+86(0)535 6743606

HOURS:H24

PROCEDURE：

(1)Pilotage is compulsory.

(2)Pilot odering:All foreign vessels and Chinese vessels of 500 GT above request pilotage via agent 24 h in advance and report 4 h prior to their arrvial. The report should include the following information：

(a)Vessel's name.

(b)Nationality.

(c)Last port of call.

(d)Vessel's L_{OA} and draught.

(e)Type and quality of cargo.

(f)ETA.

(3)All vessels may pass through the north channel when entering or leaving the port. Vessels of less than 3,000 GT,with a draught of 7 m or less may also pass through the east channel.

(4)No foreign vessel may navigate or carry out any of the following activities without a Pilot on board：

(a)Shift between anchorages,wharfs or loading and discharge stations.

(b)Shift within an anchorage.

(c)Move to within the full length of a vessel when alongside a wharf.

(5)Pilot boards in the following positions:.

(a)Yantai Gang Xigangqu No.1:37°47'.00N,121°12'.50E.

(b)Yantai Gang Xigangqu No.2:37°48'.50N,121°08'.00E.

(c)Yantai Gang Xigangqu No.3:38°04'.00N,121°17'.00E.

(d)Yantai Gang Xigangqu No.4:37°57'.30N,121°18'.00E.

(e)Yantai Gang Xigangqu No.5:37°45'.80N,121°10'.00E.

(f)Yantai Gang Xigangqu No.6:37°46'.50N,121°08'.00E.

(g)Yantai No.1:37°43'.52N,121°30'.54E.

(h)Yantai No.2:37°38'.52N,121°29'.04E.

(i)Yantai No.3:37°34'.70N,121°26'.50E.

(j)No.1 Quarantine Anchorage:Centered on 37°33'.92N,121°25'.27E.

(k)No.4 Anchorage:Centered on 37°57'.50N,121°28'.00E (large bulk cargo).

(l)No.5 Quarantine Anchorage:Centered on 37°49'.50N,121°17'.50E (general cargo vessels under 100,000 GT).

(m)No.6 Quarantine Anchorage:Centered on 37°50'.25N,121°07'.60E (dangerous cargo vessels under 100,000 GT).

（n）No.7 Anchorage:Centered on 38°04′.80N,121°21′.50E（tankers）.

第七节 其他航海图书资料

一、海员手册

英版《海员手册》（The Marine's Handbook）由英国海道测量局不定期出版,书号为NP100。下面以2020年版的《海员手册》为例,介绍其主要内容。2020年版的《海员手册》共分13章,另有部分附录。《海员手册》的出版信息需查阅英版《航海通告》的第Ⅰ部分或最新版英版《航海通告累积表》的"现行航海出版物一览表"部分。

（一）主要内容

1.目录、前言等部分

该部分主要介绍了其使用说明,如"本卷只能在《航海通告》第Ⅶ部分完全更新后使用",还介绍了编辑本书的资料来源等。

2.各章与航海安全有关的知识

（1）第一章:英国海道测量局(UKHO)、测绘和制图理论
本章主要包括英国海道测量局(UKHO)介绍、测量和测深的方法、测深与沉船、底质、海图的编制、水平基准面、制图的精度和可靠性、制图使用的深度和高度、绘制海洋图、制图中使用的命名惯例。

（2）第二章:纸质和数字海图
本章主要包括数据质量、使用最合适比例尺的海图或 ENC、纸质海图和图表、特殊用途的海图、纸质海图的分发、数字导航、英版矢量海图服务、英版光栅海图服务。

（3）第三章:英版出版物
本章主要包括英版数字出版物（ADP）、英版《航路指南》、英版《灯标与雾号表》、英版《无线电信号表》、英版《潮汐表》、参考出版物、天文航海出版物。

（4）第四章:英国海道测量局(UKHO)和海员间的信息交流
本章主要包括提交给英国海道测量局(UKHO)的评估数据、全球航行警告服务、天气信息、英版《航海通告》、信息报告等信息。

（5）第五章:气象
本章主要包括气压和风、一般气候、季风、局部风、云层形成、低气压、锋面、热带风暴、反气

旋、海岸天气、雾、风暴警报信号、气导航线、天气相关现象、磁暴和电离层风暴。

（6）第六章：海洋

本章主要包括洋流、潮流、潮汐、海平面的非潮汐变化、波浪、涌、海啸和异常波、滚浪、海洋特征、海洋的颜色、生物发光、底质、海底泉、珊瑚、海藻、波浪形沙丘等内容。

（7）第七章：冰

本章主要包括海冰、陆源冰、冰中航行、冰上作业的材料准备、冰区操作、暴露在寒冷中对身体的影响、冰的词汇、冰区术语等内容。

（8）第八章：国际组织

本章主要介绍国际海事组织（IMO）、国际海道测量组织（IHO）、《联合国海洋法公约》（UNCLOS）、国家海洋界限、国际边界等内容。

（9）第九章：航行限制

本章主要介绍船舶定线、国际港口交通信号、雷区、海洋可再生能源设施、风力涡轮机和农场、海上波浪和潮汐能设施、海底管道和电缆、桥梁和架空电缆等内容。

（10）第十章：海洋污染与保护

本章主要介绍规则《MARPOL公约》，海洋污染、保护、历史和危险沉船等内容。

（11）第十一章：航行和航标

本章主要介绍船舶定位、卫星导航系统、增强系统、自动识别系统、远程识别与跟踪系统、灯标、雾号、浮标、回声测深仪、流体动力学、龙骨下水深等内容。

（12）第十二章：军事行动

本章主要介绍军舰航行灯、军事演习区、潜艇、潜艇警告信号、反水雷措施、海上其他军事活动等内容。

（13）第十三章：商业活动

本章主要介绍保安，海盗行为，国际商会-国际海事局，网络安全，安全、遇险与救助，捕鱼，水产养殖和鱼礁，在海上遇到或捡到常规和化学弹药，海上石油和天然气作业，需要特殊考虑的船舶，直升机操作，锚泊等内容。

（二）查阅方法

《海员手册》的查阅方法有2种，一种方法是根据所要查找的信息所属的种类直接查找本书的目录，即可知道信息所在的章节及页数。另一种方法是根据信息的字母顺序和信息所属的种类，查找本书后面的"索引"，即可知道信息所在的章节，再根据章节查找信息所在的页数。

二、里程表

当前中国远洋船舶上使用的《里程表》主要有2种，一种是《中国沿海航行里程表》，另一种是《世界主要港口里程表》。此2种《里程表》均由中国人民解放军海军司令部航海保证部出版。书号分别为B114和B108。

（一）中国沿海航行里程表

该表（2006 年版）是根据中国人民解放军海军司令部航海保证部出版的《中国航路指南》和江河航行图集等资料编辑而成的。其主要内容有航线图、港间里程表、航路里程表和江河里程表。正文后的附录部分有海里千米换算表、千米海里换算表、沿海主要港口起讫点表和转向点位置表。

1. 航线图

航线图标有港口、港口间航线、航路里程、航线转向点及编号。

2. 港间里程表

港间里程表记载了我国沿海各主要港口间、部分岛屿间和重要航路转向点间的航行里程。

3. 航路里程表

航路里程表选辑了部分主要航线，记载了航线上各主要港口间航路的主要转向点及它们之间的里程。

4. 江河里程表

江河里程表主要介绍了长江、珠江内主要航段及各港口间的里程。

其记载的顺序由北向南、自西向东、由下游往上游，先大海区后小海区。一般来说，沿海港口间的里程是以主要港区或主要码头为起讫点，河口港的起讫点为传统的起讫点。其采用航线的原则是大港之间采用大船航线或外航线，小港之间使用小船航线或内航线，有规定航线的使用规定航线，无规定航线的使用常用航线。

具体的查阅方法可根据目录和航线的情况而定。

（二）世界主要港口里程表

1. 主要内容

该表搜集了世界各主要港口、岛屿、海峡及海角间的里程及部分航路里程，单位为海里。该表共分 3 部分：

第一部分为中国沿海港口里程表和中国各主要港口至世界各主要港口间里程表。这部分表的排列顺序是中国港口由北至南排列；其他港口则以中国港口为起点，由近至远排列，首先是太平洋区域，其次是印度洋区域，最后是大西洋区域。

第二部分为外国主要港口间里程表。这部分共分 3 个区域：太平洋区域，印度洋区域和地中海、黑海、亚速海。在各区域中，一般可直接查出该区域内各港口间的里程。如果 2 个港口不在同一个区域，就必须借助"连接点"，查出港口与连接点间的距离，再相加求出。另外，在一些区域内为避免重复，也借助于"连接点"。为方便查阅，凡连接点至各港间的里程均用粗黑线表示。当两港间因选择不同的航线有不同的里程时,相应的里程后面用拉丁字母做注脚,然后可根据注脚在后面的注记中查出不同的航线说明。

第三部分为航路里程选辑。这里选辑了部分常用航路,并用梯形表的形式表示其里程。选辑这部分航路的目的是从航路的角度来弥补里程表的不足,作为第一和第二部分的参考。

另外,本书还有 3 张附图,分别为太平洋主要港口位置图、印度洋主要港口位置图、大西洋主要港口位置图。

2.查阅方法

中国沿海至世界各国沿海主要港口之间的里程,查阅起来比较方便,这里就不再介绍。以查找新加坡至洛杉矶之间的里程为例,介绍其使用方法。

(1)首先查阅目录。由于新加坡和洛杉矶均为外国港口,且分别属于中南半岛和北美西海岸,据此可以查阅表 18。

(2)翻至表 18 所在的第 66 页,得其里程为 7652U、7762c_1、7961c_{10}。

(3)根据第 68 页上的说明,"U"表示经巴林塘海峡;"c_1"表示西去航路在 165°W ~ 178°W 间沿 35°N 航行;"c_{10}"西去航路在 154°W ~ 170°W 间沿 30°N 航行。

思考与练习

一、航海图书资料的抽选与查阅练习一

某船拟定天津至青岛的航线,预计离港时最大吃水 9.0 m。请根据要求抽选航次所需的中版航海图书资料,并检查相关航海图书资料的适用性。

1.抽选航次所需的航用海图。

所需航用海图图号:

_____

_____

_____

2.检查所抽选总图的适用性。

总图的版本日期为_____,其最新版日期为_____,所以该海图(适用/不适用)。

3.抽选航次所需中版《航标表》,并检查船存该资料是否适用。

所需《航标表》书号为＿＿＿＿＿＿＿＿＿＿＿＿＿＿,适用性为(适用/不适用)。

4.抽选航次所需《中国航路指南》,并检查船存该资料是否适用。

所需《中国航路指南》书号为＿＿＿＿＿＿＿＿＿＿＿＿＿,适用性为(适用/不适用)。

二、航海图书资料的抽选与查阅练习二

某船拟定青岛至厦门的航线,预计离港时最大吃水 9.0 m。请根据要求抽选航次所需的中版航海图书资料,并检查相关航海图书资料的适用性。

1.抽选航次所需的航用海图。

所需航用海图图号:

＿＿＿＿＿＿＿＿＿＿＿＿＿＿＿＿＿＿＿＿＿＿＿＿＿＿＿＿＿＿＿＿＿＿＿＿＿＿

＿＿＿＿＿＿＿＿＿＿＿＿＿＿＿＿＿＿＿＿＿＿＿＿＿＿＿＿＿＿＿＿＿＿＿＿＿＿

＿＿＿＿＿＿＿＿＿＿＿＿＿＿＿＿＿＿＿＿＿＿＿＿＿＿＿＿＿＿＿＿＿＿＿＿＿＿

2.检查所抽选总图的适用性。

总图 1 的版本日期为＿＿＿＿＿＿＿＿＿＿＿＿＿＿,其最新版日期为＿＿＿＿＿＿＿＿＿＿＿＿＿＿,所以该海图(适用/不适用)。

总图 2(若有)的版本日期为＿＿＿＿＿＿＿＿＿＿＿,其最新版日期为＿＿＿＿＿＿＿＿＿＿＿＿,所以该海图(适用/不适用)。

3.抽选航次所需中版《航标表》,并检查船存该资料是否适用。

所需《航标表》1 书号为＿＿＿＿＿＿＿＿＿＿＿＿＿＿,适用性为(适用/不适用)。

所需《航标表》2(若有)书号为＿＿＿＿＿＿＿＿＿＿＿＿,适用性为(适用/不适用)。

所需《航标表》3(若有)书号为＿＿＿＿＿＿＿＿＿＿＿＿,适用性为(适用/不适用)。

4.抽选航次所需《中国航路指南》,并检查船存该资料是否适用。

所需《中国航路指南》1 书号为＿＿＿＿＿＿＿＿＿＿＿＿＿,适用性为(适用/不适用)。

所需《中国航路指南》2(若有)书号为＿＿＿＿＿＿＿＿＿＿＿,适用性为(适用/不适用)。

所需《中国航路指南》3(若有)书号为＿＿＿＿＿＿＿＿＿＿＿,适用性为(适用/不适用)。

三、航海图书资料的抽选与查阅练习三

某船拟定日本函馆至加拿大温哥华的航线,预计离港时最大吃水 13.0 m。请根据要求抽选航次所需的英版航海图书资料,并检查相关航海图书资料的适用性。

1.抽选航次所需的航用海图。

所需英版航用海图图号:

＿＿＿＿＿＿＿＿＿＿＿＿＿＿＿＿＿＿＿＿＿＿＿＿＿＿＿＿＿＿＿＿＿＿＿＿＿＿

＿＿＿＿＿＿＿＿＿＿＿＿＿＿＿＿＿＿＿＿＿＿＿＿＿＿＿＿＿＿＿＿＿＿＿＿＿＿

＿＿＿＿＿＿＿＿＿＿＿＿＿＿＿＿＿＿＿＿＿＿＿＿＿＿＿＿＿＿＿＿＿＿＿＿＿＿

2.检查所抽选总图的适用性。

总图 1 的版本日期为＿＿＿＿＿＿＿＿＿，其最新版日期为＿＿＿＿＿＿＿＿＿，所以该海图(适用/不适用)。

总图 2(若有)的版本日期为＿＿＿＿＿＿＿＿，其最新版日期为＿＿＿＿＿＿＿＿，所以该海图(适用/不适用)。

3.抽选航次所需英版《灯标表》,并检查船存该资料是否适用。

所需英版《灯标表》1 书号为＿＿＿＿＿＿＿＿＿,适用性为(适用/不适用)。

所需英版《灯标表》2(若有)书号为＿＿＿＿＿＿＿＿＿,适用性为(适用/不适用)。

所需英版《灯标表》3(若有)书号为＿＿＿＿＿＿＿＿＿,适用性为(适用/不适用)。

4.抽选航次所需英版《航路指南》,并检查船存该资料是否适用。

所需英版《航路指南》1 书号为＿＿＿＿＿＿＿＿,适用性为(适用/不适用)。

所需英版《航路指南》2(若有)书号为＿＿＿＿＿＿＿＿＿,适用性为(适用/不适用)。

所需英版《航路指南》3(若有)书号为＿＿＿＿＿＿＿＿＿,适用性为(适用/不适用)。

所需英版《航路指南》4(若有)书号为＿＿＿＿＿＿＿＿＿,适用性为(适用/不适用)。

所需英版《航路指南》5(若有)书号为＿＿＿＿＿＿＿＿＿,适用性为(适用/不适用)。

四、航海图书资料的抽选与查阅练习四

某船拟定日本横滨至美国旧金山的航线,预计离港时最大吃水 13.0 m。请根据要求抽选航次所需的英版航海图书资料,并检查相关航海图书资料的适用性。

1.抽选航次所需的航用海图。

所需英版航用海图图号:

＿＿＿＿＿＿＿＿＿＿＿＿＿＿＿＿＿＿＿＿＿＿＿

＿＿＿＿＿＿＿＿＿＿＿＿＿＿＿＿＿＿＿＿＿＿＿

＿＿＿＿＿＿＿＿＿＿＿＿＿＿＿＿＿＿＿＿＿＿＿

2.检查所抽选总图的适用性。

总图 1 的版本日期为:＿＿＿＿＿＿＿＿＿,其最新版日期为＿＿＿＿＿＿＿＿＿,所以该海图(适用/不适用)。

总图 2(若有)的版本日期为:＿＿＿＿＿＿＿＿,其最新版日期为＿＿＿＿＿＿＿＿,所以该海图(适用/不适用)。

3.抽选航次所需英版《灯标表》,并检查船存该资料是否适用。

所需英版《灯标表》1 书号为＿＿＿＿＿＿＿＿,适用性为(适用/不适用)。

所需英版《灯标表》2(若有)书号为＿＿＿＿＿＿＿＿,适用性为(适用/不适用)。

所需英版《灯标表》3(若有)书号为＿＿＿＿＿＿＿＿,适用性为(适用/不适用)。

4.抽选航次所需英版《航路指南》,并检查船存该资料是否适用。

所需英版《航路指南》1 书号为＿＿＿＿＿＿＿＿,适用性为(适用/不适用)。

所需英版《航路指南》2(若有)书号为＿＿＿＿＿＿＿＿,适用性为(适用/不适用)。

所需英版《航路指南》3（若有）书号为＿＿＿＿＿＿＿＿＿＿＿，适用性为（适用/不适用）。

所需英版《航路指南》4（若有）书号为＿＿＿＿＿＿＿＿＿＿＿，适用性为（适用/不适用）。

所需英版《航路指南》5（若有）书号为＿＿＿＿＿＿＿＿＿＿＿，适用性为（适用/不适用）。

五、中版航海图书资料的查阅

1.利用《中国航路指南》查阅青岛到上海的推荐航线。

青岛到上海的推荐航线在书中＿＿＿＿＿＿＿＿＿＿＿页。

2.利用《中国航路指南》查阅天津到青岛的推荐航线。

天津到青岛的推荐航线在书中＿＿＿＿＿＿＿＿＿＿＿页。

3.利用中版《航标表》查阅成山角灯塔的详细资料。

成山角灯塔的详细资料在书中＿＿＿＿＿＿＿＿＿＿＿页。

4.利用中版《航标表》查阅牛山岛灯塔的详细资料。

牛山岛灯塔的详细资料在书中＿＿＿＿＿＿＿＿＿＿＿页。

六、英版航海图书资料的查阅

1.利用《世界大洋航路》查阅日本横滨到美国旧金山的推荐航线。

日本横滨到美国旧金山的推荐航线在书中＿＿＿＿＿＿＿＿＿＿＿页。

2.利用《世界大洋航路》查阅香港到新加坡港的推荐航线。

香港到新加坡港的推荐航线在书中＿＿＿＿＿＿＿＿＿＿＿页。

3.利用《世界大洋航路》查阅新加坡到也门亚丁的推荐航线。

新加坡到也门亚丁的推荐航线在书中＿＿＿＿＿＿＿＿＿＿＿页。

4.利用《世界大洋航路》查阅日本函馆到加拿大温哥华的推荐航线。

日本函馆到加拿大温哥华的推荐航线在书中＿＿＿＿＿＿＿＿＿＿＿页。

5.利用每月《航路设计图》查阅8月份日本横滨到美国旧金山的推荐航线。

所使用的每月《航路设计图》图号为＿＿＿＿＿＿＿＿＿＿＿，推荐航线性质为（大圆/恒向线）。

6.利用每月《航路设计图》查阅8月份日本函馆到加拿大温哥华的推荐航线。

所使用的每月《航路设计图》图号为＿＿＿＿＿＿＿＿＿＿＿，推荐航线性质为（大圆/恒向线）。

7.利用每月《航路设计图》查阅8月份新加坡到也门亚丁的推荐航线。

所使用的每月《航路设计图》图号为＿＿＿＿＿＿＿＿＿，推荐航线性质为（大圆/恒向线）。

8.利用英版《灯标表》查阅香港Waglan灯标的资料。

香港Waglan灯标的资料在书中＿＿＿＿＿＿＿＿＿＿＿页。

9.利用英版《灯标表》查阅南非Cape of Good Hope灯塔的资料。

南非Cape of Good Hope灯塔的资料在书中＿＿＿＿＿＿＿＿＿＿＿页。

10.利用英版《灯标表》查阅马六甲海峡 One Fathom Bank 灯塔的资料。

马六甲海峡 One Fathom Bank 灯塔的资料在书中_____页。

11.利用英版《灯标表》查阅新加坡海峡 Horburgh 灯塔的资料。

新加坡海峡 Horburgh 灯塔的资料在书中_____页。

12.利用英版《无线电信号表》查阅新加坡 Raffles Lt Racon 资料。

新加坡 Raffles Lt Racon 资料在书中_____页。

13.利用英版《无线电信号表》查阅中国 Changjiangkou Ltv Radar Becon 资料。

中国 Changjiangkou Ltv Radar Becon 资料在书中_____页。

14.利用英版《无线电信号表》查阅香港 Waglan Lt Racon 资料。

香港 Waglan Lt Racon 资料在书中_____页。

15.利用英版《无线电信号表》查阅澳大利亚 SYDNEY 港的标准时和夏令时细节。

SYDNEY 港的标准时的时区号为 _____ 夏令时的时区号

为_____。

16.利用英版《无线电信号表》查阅加拿大 Vancouver 港的标准时和夏令时细节。

Vancouver 港的标准时的时区号为 _____ 夏令时的时区号

为_____。

17.利用英版《无线电信号表》查阅 SHANG HAI 引航服务和港口作业细节。

SHANG HAI 引航服务和港口作业细节在书中_____页。

18.利用英版《无线电信号表》查阅 SINGAPORE 引航服务细节。

SINGAPORE 引航服务细节在书中_____页。

19.利用英版《无线电信号表》青岛港的港口、引航服务和交管信息细节。

青岛港的港口、引航服务和交管信息细节在书中_____页。

第五章

航线拟定与航线表的编制

船舶通常采用以下几种不同性质的航线：

（1）恒向线航线。恒向线航线在墨卡托海图上是两点之间所连的直线，与所有的子午线相交成等角，沿恒向线航行不需要转向，船舶操纵方便，但恒向线不是地球上两点之间的最短航程线。

（2）大圆航线。大圆航线是地球圆球体上两点之间的最短航程线，与所有子午线相交成不等的角度，即船舶沿大圆弧航行，必须不断地改变航向。

（3）等纬圈航线。当起讫两地是在同一纬度上时，可以沿纬度圈航行，即计划航迹向为000°或270°。等纬圈航线是恒向线航线的特例。

（4）混合航线。为了避开高纬度的不宜航行的海区，在有限制纬度的情况下，可以采用大圆航线与等纬圈航线相结合的航线。混合航线是在有限制纬度情况下的最短航程线。

航线拟定过程中选择、设计何种性质的航线与航次任务所经的航区直接有关。本章主要介绍设计并绘画这几种不同性质航线的方法。

第一节　航线设计的原则与方法

一、航线设计的原则

航线设计的原则,首先考虑的是航行安全,其次才是缩短航程、节约燃料和减少航行时间等问题。有时为了回避不利的水文气象条件,或为了利用较有利的航行条件,虽然可能多走了一些路程,但实际上仍然是符合安全、经济原则的。

2020 年 7 月 25 日,日本籍货船"若潮号"在印度洋岛国毛里求斯近海搁浅。货船大约装载 4 000 t 燃油。触礁后船体开始出现裂缝,之后发生泄漏,至少 1 000 t 燃油泄漏,影响附近大片海域。更糟糕的是,泄漏点附近就是原始的蓝湾海洋公园,是毛里求斯知名的海洋生物和珊瑚保护区之一。这次事故对这个人口 130 万、严重依赖旅游业的岛国造成冲击。截至 2020 年 8 月 28 日,毛里求斯燃油污染海域附近,有 38 只海豚死亡。这次生态灾难对毛里求斯环境及经济的影响可能持续数十年。被捕的印度籍船长和部分船员表示,货船靠近海岸线是为获取手机信号,联网后和家人通话。卫星数据显示,"若潮号"靠近毛里求斯时,未调整航向以避免触礁。

忽视航线的安全性,会给船舶、船员、海洋环境等带来巨大灾难。航海人员应通过研究航行资料,结合本船条件,拟定出一条安全、经济的航线,并牢记安全是第一要务,不可因为其他因素忽视航线的安全性。

二、大洋航线设计

(一)设计大洋航线应该考虑的因素

1.气象

在选择航线时,应首先了解航区内的气象条件,考虑在本航次中是否会遭遇大风和灾害性天气,主要考虑以下几个方面:世界风带、季风、热带气旋、雾、流冰和冰山。《世界大洋航路》的第一章"航线设计"详细介绍了海区的风及天气、冰等的一般规律,并有世界气候图、季风表和热带风暴表等作为参考。每月《航路设计图》也对可能遭遇的大风和热带气旋、雾和低能见度做了说明。

2.海流和海况

在选择航线时,还要掌握航区内的海流资料,因为在长距离的航行中,如果能借助海流的帮助,将会增加航速,缩短航行时间;反之,若逆水行舟,则将事倍功半。

波浪对船舶(尤其是低速船)的航行安全和船速影响甚大。因此,在选择航线时,如有可能,所选择的航线应尽可能避免穿过六七级以上的大风浪区和异常涌浪区。

每月《航路设计图》针对船舶类型和航行季节,在世界上主要的几个大风浪区推荐不同的航线。所推荐航线都尽可能避免穿越大风浪区和逆流区,尽量利用顺流和顺风、顺浪。

3.障碍物

大洋上一般障碍物很少,但在高纬度海区,如北太平洋岛屿较多,北大西洋冰山经常出没。这使船舶选择大圆航线受到一定的限制。选择航线时,必须保持对岛礁、冰山有足够的安全距离,做到即使在遭遇最不利的情况下,也能确保安全地避离它们。

在航线设计时,应仔细阅读《世界大洋航路》各海区的"注意事项"部分,对岛礁、冰山等危险物要予以充分的注意,留有足够的安全距离,必要时采用混合航线。

4.定位与避让

选择航线时,应考虑到航线应有利于船舶运用各种方法进行定位。船舶在经过远距离航行后,接近陆地时,获得准确的观测船位更显得重要。所选航线还应有利于避让,尤其是在视线不良时。因此,应尽可能采用规定航线、习惯航线和各种船舶定线,以减少与他船的交会机会。

5.本船条件

本船的船级、船龄、船速的大小、货载的情况、续航力的长短以及船员的技术水平和经验等,都是在选择航线时应该考虑的因素。本船条件在大洋航线的选择中占很重要地位,在选择大洋航线时,必须充分考虑。

6.缩短航程

在综合上述条件之后,再确定是否要采用大圆航线,或部分地采用大圆航线,进一步地去计算用大圆航线可缩短多少航程并考虑其他有关问题。

考虑以上因素,从当月海区的《航路设计图》《世界大洋航路》中选择适合本船本航次的大洋航路。对于抗风浪能力较强的大型船舶,应该以缩短航程和节省燃油为首要考虑因素,在中高纬度横跨大洋时尽可能采用大圆航线或混合航线。

(二)大圆航线与混合航线的设计方法

1.大圆航线

大圆航线是地球表面上两点之间的最短航程线,但它一般与所有子午线相交成不等的角度,即沿大圆弧航行,则必须时刻改变航向。在高纬度、长航线航行且航向接近东西时,采用大圆航线比恒向线航线航程要缩短许多。所以,大圆航线常在以下远洋航线中采用:太平洋区域,即澳大利亚至巴拿马、南美航线;中国、日本至北美、巴拿马航线;马绍尔群岛、索罗门群岛至火奴鲁鲁航线;火奴鲁鲁至北美航线;火奴鲁鲁至巴拿马和南美航线。大西洋区域,即北美至西欧、北欧航线;北美至西非、南非航线;南美至西非、南非航线。印度洋区域,即南非至澳大利亚航线;南非至巽他海峡航线。

在墨卡托海图上绘画大圆航线的方法有以下几种:利用大圆海图法,利用《天体高度方位表》法,利用大圆改正量法,利用 GPS 或计算器法。

如图 5-1-1 所示,航海人员常常利用大圆海图绘画大圆航线,方法如下:

(1)根据航区抽选相应的大圆海图。在英版《海图及航海出版物目录》第四部分"Planning Charts"抽选相应大圆海图。

(2)在大圆海图上,用直线连接大圆航线的起始点 A 与到达点 B,AB 之间的连线即为大圆线。

(3)在直线 AB 上每隔经差 5°~10°取分点,将各分点的地理经纬度从大圆海图上读出来。

(4)将各分点的地理经纬度移到航用海图上,并用直线连接相邻的分点,便得到折线状的大圆航线。

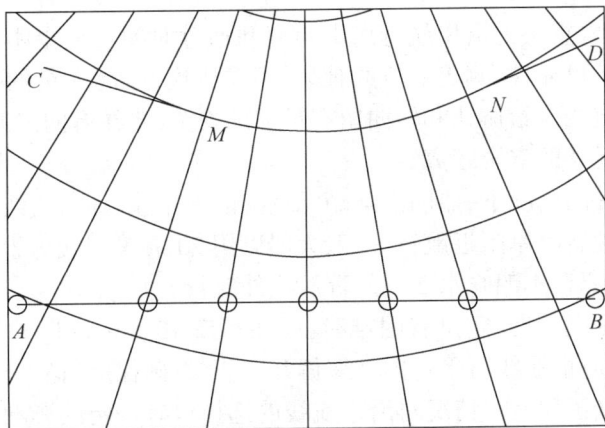

图 5-1-1 利用大圆海图绘画大圆航线

使用大圆海图绘画大圆航线要注意起始点和到达点位置的选择。出发点和到达点最好选择在能够利用灯塔、陆标或利用雷达测得准确船位的地点。到达点最好是附近不存在暗礁和其他障碍物等,并有从远处可看见的显著物标。

2.混合航线

大圆航线经过的高纬度地区水文气象条件比较恶劣或地理环境比较复杂,如北太平洋除有阿留申群岛阻隔外,冬季多风暴、夏季多雾;北大西洋多冰山。因此,所选航线常常不希望超越某一纬度线,这个纬度称为限制纬度(Limited Latitude)。这种情况适合采用由大圆航线和等纬圈航线相结合的混合航线。混合航线是在有限制纬度的条件下的最短航程航线。

如图 5-1-1 所示,混合航线的拟定方法如下:

(1)阅读资料,确定限制纬度,抽选合适的大圆海图。

(2)在大圆海图上,由起始点 C 作与限制纬度圈相切的直线,切点为 M,由到达点 D 作与限制纬度圈相切的直线，切点为 N，则线段 CM、DN 为大圆航线，限制纬度圈上由 M 到 N 的线段为等纬圈航线。

（3）在直线 CM 和 ND 上每隔经差 5°～10°取分点，量取各分点的地理经纬度并转移到航用海图上。

（4）量取各分点间的直线航向和航程，限制纬度圈上 M、N 两点的航向为 090°或 270°。

三、沿岸航线设计

（一）沿岸航线的拟定原则

1.选择航线

尽可能采用资料中的习惯航线、推荐航线、分道通航航路来拟定航线。

2.确定适当的离岸距离

在设计航线时，要着重考虑沿岸航行离岸距离和通过时间。离岸距离应是根据船舶的大小、航程的长短、海图的可靠性、测定船位的难易、通航密度、航海人员的技术水平和经验的不同来通盘考虑。沿岸航线应给避让和转向留有足够的安全，要在有向岸风流的影响时，或主机和舵发生故障时留有足够的安全距离。

一般在能见度良好的情况下，船舶沿陡峭无危险的海岸航行时，航线可在 2 n mile 以上距离通过。在较平坦的倾斜海岸附近航行，一般大船以用 20 m 等深线为警戒线，小船以 10 m 等深线为警戒线，但至少要在本船吃水 2 倍的等深线外航行。

如果在夜间或能见度不良、定位有困难时，应在离岸 10 n mile 以外航行。在可能遇到吹拢风或向岸流影响时，应把航线再平行向外海偏开一些，以确保航行安全。

沿海水域的政治气氛和治安情况对沿岸航线的选择也有一定的影响，如有无海盗活动、国际关系是否正常、国内形势是否稳定等。

3.确定避离危险物的安全距离

危险物包括露出水面的和在水面以下的孤立岛屿、礁石、沉船、渔栅浅水区等。

一般在接近孤立的水下危险物之前，若有陆标可供不断观测定位，应在 1 n mile 以上通过危险物。在船舶通过远离陆地而又未设显著标志的危险物时，应根据水流情况和最后一个实测船位到危险物航程的远近，以 6～10 n mile 的距离通过。在通过灯船或浮标时，如果条件允许，应以 0.5 n mile 以上距离通过。

4.避开水下障碍物

水下障碍物是指水下的桩、柱、管、弃锚、水泥沉块及沉船残骸等。英版海图中对于不能明确其性质又不知其水深但存在航行危险的障碍物，标以"Obstn"字样，中版海图则以"柱""井架"等字样表示它有碍航行；对于无碍于水面航行而有碍于锚泊、渔捞、潜航等，则标以"Foul"

字样,中版海图则以"碍锚"等字样表示。

5.正确对待未经精测的水域、疑存的浅点和海图水深不完整的海区

若海图上在近岸水域中出现多次"据报"的浅点,则宜按推荐航线设计。海图上某些礁区水域有时会出现注有未经测量"unexamined"字样,或某些海域已存在危险物但未标明其位置而仅注有"uncharted dangers"字样,对这些区域设计航线时应避免通过。若海图上虽已标明危险物的位置,且又在其外框画上由虚线构成的危险线(Danger Line)(不一定呈圆形),则绝不能将航线设计于危险线之内,而且还应与危险线保持一定的安全距离。

若海图上注有某沿海水域未经精测,则可将航线移向他处而不经过该处。若非经不可,宜远离海岸、平行海岸航行,驶至与目的港正横处再转向与岸线成直角驶近港口,其目的是将近岸航行的航程缩至最短以减少风险。尤其是吃水在 10 m 以上的船更需注意这一点。

对于航海资料中已有水深警告的字句,则更应提高警惕,并尽量避开有疑问的水域。

6.定位与转向

在重要的转向点,应选择在转向侧正横附近的显著物标转向参考物标。绕岛屿与岬角航行,不一定都采用正横转向,最好采用定距绕航的办法。可先在海图上画出航线,标出几个转向点,然后用雷达观测距离,使船保持在计划航线上航行。在转向点附近危险物较多时,还可以根据本船吃水,设定适当的避险警戒线。

在选择转向物标时应特别注意以下几个方面。

(1)选择海图上有准确位置的显著物标,如灯塔、小岛等。

(2)选择在转向侧正横附近的孤立、显著、准确的人工或自然物标。

(3)选择在天气变化时,雷达容易确认的物标。

(4)在选择驶向物标时还应考虑改变航向前后均能在较长时间内可以清楚看到的物标。

(5)在绕岛屿或岬角航行时,最好采用定距绕航的方法,以便能使船舶在转向的过程中保持与转向物标的安全距离。

7.避让

航线应避免通过船舶交汇点,避免穿越渔区和分道通航航路等。对于船舶来往频繁的地区、交会点及渔捞生产作业区域,应有充分了解。多雾季节,为避免过多的船舶交会避让,制定计划航线时就要考虑绕开一些。

8.绕航

沿岸航线比较复杂,有时为了避开风浪或利用有利水流,常需要绕航。从表面上看,绕航增加了航程,但实际上对航行安全带来了保障。

9.气象因素和对灾害性天气的避离

风、雾、冰、雪等气象因素,对船舶安全航行影响很大。这些气象因素,各海区都有一定的

季节性规律。这些规律,《航路指南》都有详细描述。因此,掌握气象规律,选择避风锚地,对于拟定合适航线是至为重要的。

10.避离或利用水文要素

潮汐、潮流和海流对船舶航行影响很大。潮汐引起水位涨落,改变实际水深。当航线必须经过某些地段时,须准确计算潮时、潮高,根据本船吃水,恰当选择航过浅滩的时间。了解海区的潮流或海流情况,尽量避免顶流,争取顺流。

（二）航线的绘画方法

1.在总图上预画计划航线

在总图上找出起航点、到达点及主要转向点的位置,用三角板或平行尺与长尺配合,画出预定航线,然后量出各段航线的航向和粗略航程。

2.在航行图上绘画分段计划航线

将起航点、到达点和各转向点的地理坐标分别转移到已选择好的大、中比例尺的航用海图上,按要求求得可靠准确的转向点的经纬度,用直尺连接各转向点,画出计划航线,然后再量出航向和航程。

3.相邻转向点不在同一张海图内的画法

将总图上的转向点移至航用海图上时,若其中有一转向点位置不在海图范围内时,可利用在两张海图的共有区域选择一过渡点的方法顺次画出计划航线。也可利用计算的方法求得航向和航程,一般可直接利用 GPS 接收机或其他导航仪上的导航计算功能键,输入起始点和到达点的经纬度,即可算出航向和航程。再从一个转向点的位置,按得出的航向画出计划航线。用同样方法在接续海图上按航向的反方向从下一转向点画出计划航线。如果所画航线在两张海图上交点位置不重合,要注意调整,直至完全重合。

四、分道通航制区域的航线设计

船舶定线制区域的航线设计方法如下:

1.沿岸通航区

设计航线时切勿随意将航线画入沿岸通航区内,除非起始港在此区内,或本船目的港与引航站在此区内。

2.出入通航分道

当设计航线拟驶出或进入通航分道的端部或中段时,应与通航分道的交通流向形成尽可能小的交角,以避免在通航分道的端部将航线画成近直角右转或近直角左转进出通航分道端部。如条件许可,转向点尽量设在离开通航分道的端部稍远的外方。

3.通航分道内的航向

在相应的(一般是靠右侧的)通航分道内,应顺着该分道交通流向画出航线,然后量出其航向。不应该为了减少转向的次数而过分地使航向与交通流向不顺。若通航分道呈喇叭形而航道的宽度又很大,则可采用以航线靠近一侧的界限方向或表示界限的数个航标连线方向作为航向。若航道宽度很小,则应以喇叭形航道两侧界限方向的等分线方向为航向。

4.通航分道内的航线

一般条件下,应将航线画于通航分道的中线上。但当两对驶的通航分道仅有一线(分隔线)之隔,或只有一个很狭窄的分隔带相隔,则宜将航线置于离分隔线或分隔带稍远些,以减少与左侧来船形成紧张局面。反之,若通航分道的左侧有很宽的分隔带或有很好的航标显示其界限。而通航分道的右侧边缘仅有海图上的一条线而无航标显示其界限。此时,为减少与右侧误入或邻近本通航分道右侧的对驶船形成紧张局面,则宜将航线稍偏向左侧的分隔带。

5.穿越通航分道的地点选择

在画航线时,若需横穿通航分道,则应尽量以直角通过。除了靠近目的港所在之处以外,一般可选择分隔带较宽且长的区段穿越,以利本船在分隔带中有等待最佳机会直角通过通航分道。切记不宜选择通航分道的端部或附近几条通航分道的汇合处、环行道或水上交通频繁的警戒区。

6.深水航路

一般吃水的船在选择航路时,可不采用深水航路,但实际行驶中未发现在深水航路有深水船或限于吃水的船航行或不会妨碍它们的行动时,其他船舶也可随时驶入,除非有明文规定或设有专门的控制台、信号台,须经其批准后才能驶入。

7.避航区

建立避航区的目的是避免发生污染事故,保存该处的珍奇生物。不同的避航区针对不同的船舶对象。

五、受限水域的航线设计

有关当局公布的禁航、禁锚、禁渔或做其他方面限制的区域以及有关国际公约规定的限制区域称为受限水域。这些水域多数位于领海内,但也有位于公海的。

（一）军事演习区

1.界限

有的演习区事先在有关的出版物上规定了具体界限，但是由于涉及公海的法律地位，在一般航用海图上不予标出，除非演习区在领海范围内。英版《海员手册》中认为演习当局为了避免责任而不在一般航用海图上标示其区域界限。美军在日本及其所属岛屿附近的演习区，已在日版专用海图图号6973《日本近海演习区域一览图》中刊出。《航路指南》中可能述及演习区情况，但不指明其具体界限，若演习区设有航标，则《航路指南》《灯标雾号表》和航用海图中皆会刊载。

有的演习区在航行警告中临时规定其界限。例如美军在洛杉矶以西的纬度相近的太平洋海面上，常有不同范围与形态的临时演习区，有时距美国本土达 1 000 n mile 以上。

有的演习区是无界限的。例如刊印在英版海图上的新加坡海峡以东、马来西亚东岸沿海的潜艇演习区就是无界限的。遇有这种情况，必须加强瞭望与收听航行警告的广播。

2.时间短暂的演习区

时间短暂的演习区有的事先在有关出版物上做了大略规定，但绝大多数是在航行警告中临时规定的。为了避免误伤，事先有时间规定的演习区，一般也进行航行警告的广播。要注意弄清演习规定的起始、终止时间是格林时还是当地的地方时。

在航线设计时应注意：

（1）绝不进入已经宣布为禁航区的军事演习区。

（2）不应进入固定的事前有出版物刊载的军事演习区。

（3）航线如画在临时演习区或无界限的演习区内，在安全措施或注意事项中要注明此点，以提醒航海人员加强瞭望和收听航行警告，待接近该区时再核算驶入、驶离时间是否在非演习时间。

（4）临时性演习区，平时虽可开放，但也不宜在此捕捞、锚泊和疏浚，因为常有演习中未爆炸的炮弹、炸弹、火箭等发生爆炸而造成的船舶损伤。

（二）水下电缆与管道区

除非极重要的水下电缆和管道，水下电缆与管道区一般不宣布禁航，只是不准抛锚、渔捞、疏浚或钻探。用一般方法铺设的管道可能高出海底 2 m，相当于该处水深少了 2 m。如果在海图上仅有水下电缆与管道的图式符号而无区域界限，也要避免在其附近抛锚或渔捞。如在其上设有浮标者，也不得近于浮标连线 0.5 n mile。

（三）空中电缆与桥梁

航线通过空中电缆或桥梁的下方时，须注意船在水面上的高度是否会超过他们在水面上的高度，一般还需富余 2~5 m 的距离以防计算失误。船在水面上最高点的高度称为水线上高度或净空高度(Air Draught)或,如顶桅或电报天线能伸缩或放倒,则水线上高度应在此种状态下计算。此外,要留意纵倾引起的水线上高度的增减。桥梁的净空高度一般有 1~3 处,即桥中央处最高、两侧较低。

（四）垃圾倾倒区、抛泥区、弹药倾倒区

航线设计一般都不应通过此类区域,因为这类区域的水深可能变浅得很快,此外也可避免与垃圾船或抛泥船相会。若属于弹药倾倒区,则更不能进入,更须严禁抛锚或渔捞。但是,深水中的弹药倾倒区已废弃不用者(Disused),仍可通航,仅禁锚、禁渔而已。

（五）雷区

世界上大多数雷区已经扫雷或在其中开辟出来的航道中已经扫雷。雷区中的航道左右皆有浮标表示其界限。因此在航线设计时,应通过雷区中已开辟出来的航道,直至港口附近规定的锚地为止。

战争中的国家为保卫其海岸或封锁敌国海岸所布的雷区,一般都声明其范围,以防非参战国与本国商船误入。

（六）禁区

禁区有两种。禁锚与禁渔的禁区仍可通航,但禁航区不但禁止通航也不许抛锚与渔捞。未说明何种禁区的则以禁航区对待。航线设计时应予以充分注意。

禁区多数不讲明其用途,如防卫警戒区、保密的军事演习区或测试区、军事设施与军事基地等。少数的禁区可看出其用途,如水上飞机起落区、岸上机场跑道的延伸水域、战争区、重要的水下电缆或管道等。

在美国有两种安全区:一种是 Safety Zone,目的是在船舶与水上建筑物之间建立一个缓冲地带,宽为 500 m,意即船舶不要靠近水上建筑物 500 m 之内。另一种是 Security Zone,它是禁航的,一般是军事、工业要地。

（七）海上油田区

海上油田区中的设施包括钻井架、油井、水下油井、暂闭油井口、废弃油井口、生产平台、输油输气管道、水上储油库、油船单点停泊泊位及工作船艇的系船浮等。其中钻井架常变更其位置,故应注意查阅航行通告与收听航行警告。其上设有灯标和雾号,锚缆或障碍物常伸出长达 1.5 n mile。水下油井口突出海底后再与水下运输管道相接。生产平台也设有灯标和雾号。其四周的系船浮离生产平台有时远达 1 n mile 而无灯标,也未在海图上标明其位置。

在航线设计中,对上述孤立的设施应远离 1.5 n mile 以上,因为这些设施之间往往有管道相连接,并有油井口与系船浮等,所以应避免穿越其设施群。若海图上已标明该处油田区的界限,则应离开其界限 500 m 以外。另有一种海上油田开发区,在海图上也标明其界限。开发区内有工程船、维修船、潜水工作船,还有供应船与油船在区内频繁航行,但本船切不可跟随他船驶入。

（八）历史性与危险性沉船禁区

英国通过立法确定,某些有历史意义的沉船将予以保护,并在沉船周围设有禁区,其半径为 50 m 以上。还有一种沉船船内存有危险货物,如炸药等,当局为了防止意外事故而设禁区,以阻止他船驶入。

在航线设计时,对上述两类沉船都应远离之。

（九）载重线季节区域

《国际船舶载重线公约》规定了船舶在某指定区域与指定日期内采用的最小干舷,即规定了某吃水条件下只许在某区域内航行。这些区域与日期在该公约的附图或英版 D6083——载重线季节区域图中可查得。船舶在装货前就应预计本航次的航线是否有可能受到载重线季节区域的限制。在设计航线时,应预先计算进入每一载重线季节区域时本船吃水是否超过规定。

（十）领海

在《联合国海洋公约》与《领海与毗连区公约》里,规定了船舶在领海内享有无害通过权,所以领海对航线设计一般没有影响,但仍须注意:无害通过是指不损害领海国的和平、良好秩序的安全通过。称"通过"就意味不得随意停留或锚泊,不得进行动力作业,除非由于不可抗力,或为紧急救助遇险人员与船舶、飞机等,但也须边行动边向当局报告。

（十一）内水

在《联合国海洋公约》与《领海与毗连区公约》里,内水是指国家领海以内及领海基线向陆一侧的水域。它包括港口、河流、湖泊、内海、封闭性海湾和泊船处。如无须停靠某外国港口或海湾,一般不应将航线设计在该国内水范围内,除非为了缩短可观的航程,或为了驶经内水范围内的一条非经过不可的通道,或者为了临时性避风,紧急救助遇险人员、船舶、飞机。若是为了缩短航程与借用通道而不停留,则需得到当局的同意。有的国家要求借道通过的船舶直接发报给代理,由代理代办申请手续,例如通过巴拿马运河。有的国家要求船舶直接发报给有关当局,例如通过我国琼州海峡。有的国家对上述两种要求都要办到。即使是为了紧急情况救人、救船或避风,也必须报告有关当局。有的国家在平时什么也不要求,例如通过菲律宾内水的苏禄海。

（十二）渔业管辖区与专属经济区

在《联合国海洋公约》与《领海与毗连区公约》里,专属经济区（Exclusive Economic Zone）,是指沿海国在其领海以外并邻接其领海的水域,从测量领海宽度的基线量取,一般不超过200 n mile,有些国家也未曾宣布过。沿岸国对其专属经济区内的一切自然资源拥有所有权和专属管辖权。但其他国家在此区域仍享有正常航行、飞越的便利以及敷设海底电缆与管道的权利。

渔业管辖区（Fisheries Jurisdiction Claims）,是沿岸国发展本国经济,反对大国掠夺其附近海洋的渔业资源,在其领海外划定一定范围的水域行使渔业管辖权。其宽度一般与该国所宣布的专属经济区的宽度相同,也不超过 200 n mile。

在渔业管辖区或专属经济区中航线设计时应注意:

(1)若带有捕鱼任务的航行,要考虑是否为该国现行的关于渔业管辖的法规所允许。

(2)尽量避免驶入沿岸国在该区域所设立的海中工程设施与勘查活动区。

六、港区航线设计

浮标导航水域的航线设计方法如下:

以最新版海图或蓝图为依据来确定航线,并标出计划航线的航向和航程。特别是大船重载更应找寻深水航道航行,不能盲目依赖浮标航行。

设有中央浮的航道,航线可画于右航道 1/2 宽处。设有左右侧浮标的航道,航线可设于离右侧浮标连线的 1/4 航道宽度处。港口航道狭窄,尤其是在一些疏浚航道航行时,将航线设计在左右侧标的中央。

第二节　航线设计的步骤

一、航线设计的基本步骤

(一)明确起讫港口情况及航次任务情况

1.明确港口情况

要查清起航港、中途港、目的港的港名。世界上有不少同名的地名和港口。凡是同名的应注明该港口经度、纬度或国家和地区。对港名如有疑问,则应向船东、经营人、租船人或代理人问清其大约经度、纬度。根据本船吃水、长度、宽度、水面上的高度等,判断是否会受到港口航道、泊位的限制,否则可能会使全部航线设计工作成为徒劳。

2.明确航次任务情况

明确航次有无特殊任务而不能按常规选择航路与设计航线。这些特殊任务主要指:

(1)非属纯商业为目的的航行,包括海上实习、海洋调查勘查测量、海上救助及水上运动竞赛等。

(2)属于特殊商业目的的航行,包括运输贵重货物、运输大量对人类危害特大的放射性物质及海上旅游观光等。

（3）属于本船特殊条件的航行，包括小船、帆船、机帆船、低速船、拖船等。若事先不考虑这些特殊任务而按常规设计的航线，往往不适用。

（二）抽选必要的航海图书资料并改正到最新

1.抽选必需的航海图书资料

利用最新版的英版《海图及航海出版物目录》和中版《航海图书目录》抽选航海图书资料。
（1）航用海图
航用海图包括总图（大洋图）、航海图、沿岸图、锚地图、港泊图。
（2）参考图
参考图包括航路设计图、大圆海图、空白定位图、洋流图、气候图等。
（3）航海出版物
航海出版物包括《世界大洋航路》《航路设计图》《航路指南》《灯标雾号表》《航标表》《潮汐表》《潮流表》《无线电信号表》《里程表》《进港指南》《海员手册》及有关的港章等。抽选方法详见本书第四章。

2.改正航海图书资料

按航海通告和航海警告提供的改正资料，将本航次用到的海图及航海书籍、出版物改正到开航之日，具体改正方法见本书第二章。

（三）研究相关资料确定推荐航线

（1）查阅有关气候图、洋流图、航路设计图、气象预报、潮汐表和潮流图等，了解航行地区的水文气象条件、可能遇到的灾害性天气，或可以利用的风流条件等。
（2）查阅海图、《灯标表》和《无线电信号表》等，了解航区内助航设施的条件、制度和必要的图表等，如浮标制度、灯塔灯质和灯光最大可见距离、无线电航标和各种定位系统等。
（3）参阅海图和《航路指南》，了解近岸航区的危险区域、禁区、船舶通航密度大的区域和渔区渔具的情况。
（4）查阅航路指南和有关规定，了解航区中的特殊要求，如分道通航制、海上交通安全法规、船舶航线、内河避碰规则、渔船特殊信号等。
（5）参阅本海区的《航路图设计图》《世界大洋航路》的介绍，选择适合本船本航次的大洋航路。参阅沿岸海图上的资料与该地区《航路指南》中的介绍，选择适合本船本航次的沿岸航路。资料中给出的推荐航线为结合了航海人员经验的气候航线，航行时应尽可能采用推荐航线。需要注意的是，采用推荐航线时，应充分考虑本船条件，还应考虑可能会遇到的实际水文气象情况。确定好总体航线后，利用中、英版《航海图书目录》抽选合适的总图，并将确定好的航线画于总图上。

（四）绘画航线并进行标注

（1）根据总图的航线抽选所有需要的大比尺航行图、港泊图。

利用中、英版《航海图书目录》抽选所需的大比尺航行图、港泊图，为了安全航行的需要，抽选海图时应尽可能选择大比例尺海图，缺少的海图应及时申购。

（2）在大比尺航行图、港泊图上绘画航线

绘画大比尺航行图、港泊图上的航线一般可以按航行顺序进行绘画，即先画港内航线，后画沿岸航线和大洋航线。绘画港内航线时，应参阅相关的《航路指南》《港口指南》和港泊图，沿港内的推荐航路或者按浮标导航、叠标导航等的航线进行绘画。绘画沿岸航线及大洋航线应以总图为依据，即把总图的航线移到大比例尺航行图、港泊图上。在绘画过程中应保持大比例尺海图的航线与总图航线一致，避免根据自己的意愿随意画航线，否则容易导致危险，航线也会因缺少总体上的把握而出现绕航，使船舶操纵不方便，也容易使航线总体上不经济。

（3）进行必要的标注

绘画好航线后，还应在航线上标注以下内容：

①计划航向（CA）和航程（DIS）

一般在各段计划航线的上方（或下方）适当位置画一平行于航线的箭头，用以表示该段航线的走向。在箭头的上方标明计划航线的度数，记作 $CA×××°$ 或 $×××°（T）$，在箭头的下方，标出各段航线的航程。航程在小比例尺海图上精确到 1 n mile，而在大中比例尺海图上可精确到 0.1 n mile。量取航向和航程时尽可能选择在大比例尺海图上进行，以提高测量的精度。

②转向点（Turning Point）及其编号

在转向点处，用一小圆圈圈住转向点标明转向点的位置，在附近注明符号 A/C（Alter Course）表示转向点，并进行编号，而且应将转向点的位置标示出来。此转向点编号和经纬度应与航线表中的转向点编号相同，以便核查。

③剩余航程（DTG）

在每个转向点附近标明该航路的剩余航程，以表示从该转向点到目的港的剩余航程。如果处于狭水道或转向频繁航段，由于每段航程较短，为保持图面清晰，可间隔几点或在狭水道的进出口处标出相应的剩余航程。

④相邻海图图号（Adjoining Chart ××××）

每张海图的航线起始端附近和终端附近要标明前后衔接的航用海图图号，并注明是中版还是英版海图。例如在航线起始端附近标注"上接海图××××（Last Chart ××××）"，表示本海图上一张连接海图的图号；而在航线终端附近标注"下接海图××××（Next Chart ××××）"，表示本海图下一张连接海图的图号。

⑤转向物标的方位和距离

可用直线连接有关的转向点和转向物标，并在其上标出到该转向物标的方位和距离，如果是正横物标，则只需标出正横距离，用以帮助驾驶员及时、准确地转向。

⑥海图使用序号

每一航次所选用的海图，均应按航线使用的先后顺序存放并用铅笔在每张海图的背面按顺序进行编号,且按编号制作航用海图使用表,此表将编号和海图图号一一列出,即使他人搞乱了海图先后使用顺序,仍可很快按序号放好海图,以免影响航行。

⑦若航线附近存在危险物时

用红色铅笔在海图上圈出航线附近可能会危及航行安全的浅滩、沉船、暗礁等障碍物或其他应值得航行时注意的物标,以便航行在其附近时引起必要的注意。对狭长形的危险物可在靠近航线一侧用红笔标出。

⑧航线标注的注意事项:

a.清楚和简洁,可使其他人很清楚地了解计划航线的信息或航行注意事项。

b.尽可能地标注在图上的空白处,不应遮盖海图上重要的航海资料。

c.应与计划航线保持合适的距离,既便于读取,又不影响航行中进行定位等标绘作业。

(五)海图整理

航线设计结束后,将海图上多余的线条或标识清洁干净,以免影响对海图、航线及其标注的识读。按照航行顺序将航行图从上到下逐张排序,整理完毕后放入海图桌的第一个抽屉中,以备使用,海区总图、参考图等可以单独存放。

(六)编制航行计划

本部分内容将在下一节中详细介绍。

二、航线设计举例

例题 5-1:Q 轮,航次最大吃水 8.69 m,计划 2021 年 8 月 6 日 0800 从秦皇岛港港区甲码头出发至旧金山(San Francisco)港,设计并在海图上绘制一条安全、经济、合理的航线,并进行适当的标注。

解析:

1.航海图书资料的选择

根据起始港口和到达港口情况,可知此航线为太平洋航线。涉及的航区包括港内、沿海及大洋。据此可以抽选航线设计时必要的航海图书资料,必需的资料有:英版《海图及航海出版物目录》NP131、《世界大洋航路》NP136、每月《航路设计图》、英版《航路指南》等,本航次所需选择的图书资料主要有:

(1)中版《航海图书目录》K102(版本 2021 年)、英版《海图及航海出版物目录》NP131(版本 2021 年),并利用这两本书抽选所需要的其他图书资料。

(2)《世界大洋航路》NP136(2)(版本 2021 年版)。

(3)每月《航路设计图》5150(8)(版本 2018 年 2 月)、5127(8)(版本 2019 年 3 月)。

(4)《中国航路指南》A101(版本 2016 年)、英版《航路指南》NP32B(版本 2019 年)、英版《航路指南》NP43(版本 2020 年)、英版《航路指南》NP41(版本 2018 年)、英版《航路指南》

NP62(版本 2020 年)、英版《航路指南》NP8(版本 2016 年)。

(5)海区总图:中版图 10011(版本 2020 年 12 月)、4053(版本 2020 年 7 月)、4050(版本 2020 年 8 月)。

(6)航行图 11712、11711、11710、10011、11500、11700、11300、11910、11900、12100、3480、3365、127、3666、2347、2293、1800、JP10、JP1030、JP1032、1803、4511、4522、4805、4806、4978、2530、4914、591、588、592(版本略)。

(7)大圆海图 5097(版本 2018 年 8 月)。

其他海图与资料,根据具体情况选择,与航线设计关联较小,暂时略过。

2.研究相关资料确定推荐航线

秦皇岛至旧金山推荐航线的查阅方法请参阅第四章。

通过参阅相关资料,确定秦皇岛至旧金山的计划航线如下:秦皇岛(Qinhuangdao)——山东高角(Shangdong Gaojiao)——朝鲜海峡(西水道)(Korea Strait W)——津轻海峡(Tsugaru Strait)——旧金山(San Francisco)。

3.绘画航线并进行标注

各航段航线设计如下:

(1)港内航线——秦皇岛港和旧金山港的航线选择与设计。

①出发港秦皇岛港的出港航线。

研究中版海图 11712、11711、11710 可以发现,船舶离开甲码头,沿左右浮标指示的西航道中央航行,导航叠标方位 310°,在(39°52′.38N,119°38′.44E)转向,进入主航道,导航叠标方位 340°,最后经"0"号浮标离开主航道,航程 7.8 n mile。

②目的港旧金山港的进港航线。

研究英版海图 2530、229 可以发现,在接近旧金山港口时,实行分道通航制,在航线设计时应遵循船舶定线制的有关规定。以平行于船舶总流向的方向,绘画通航分道中的航线。在航线上确定接近引航站的航路点(37°46′.7N,122°47′.0W),接近通航分道外的航路点(38°00′.0N,123°16′.0W)。航路点(38°00′.0N,123°16′.0W)距离通航分道的端口有一段距离,其西北方向水域比较清爽,不影响航线在此转向,因此可以作为大圆航线的终点。

(2)沿岸航线——秦皇岛到津轻海峡航段的航线选择与设计。

从秦皇岛到津轻海峡的航线可以划分为渤海水域、黄海水域、韩国水域、日本海水域来分段设计。

①绘制渤海水域的航线。

a.选取(39°48′.0N,119°40′.6E)作为航线的起点。

航线的起点一般选择在船舶离开引航水域或港界后,船舶开始定向、定速航行的位置。在中版海图 11711、11710 上可以发现,船舶离开甲码头,沿浮标指示的西航道航行,进入主航道,经"0"号浮标离开主航道。选择船舶驶离航道一段距离后的一点(39°48′.0N,119°40′.6E)作为航线的起点,以免影响进港航线的船舶。

b.在海区总图 10011 上绘制整个区域的航线。

结合《中国航路指南》(A101)第一章第四节"秦皇岛至上海港"部分的内容,研究中版海图 10011 可以发现:航线经过老铁山水道时应靠右并与其右侧的禁航区保持一定的距离,故选择在北隍城灯塔北 8 n mile(38°32′.5N,120°55′.0E)处转向;从 2006 年 6 月 1 日起,在老铁山水道实施船舶定线制,该段的航线还应遵循分道通航制水域航线设计的一般原则。

成山角附近实行分道通航制,而前往韩国方向没有必要使用通航分道,故远离该区域,即从老铁山水道驶航向 143°,至成山角灯塔正横 20 n mile 处(37°41′.0N,122°54′.0E)。依次连接上述三点即得该区域的航线。

c.将海区总图上的航线转移到航行图上。

在海区总图 10011 上的航线上截取(39°08′.5N,120°20′.0E)点,该点既涵盖于中版海图 11700 中,又涵盖于中版海图 11300 中。与原有的三个航路点一起,可以通过航线上相邻的两点把该区域的航线转移到航行图 11700、11300、11900 上。

②绘制黄海水域的航线。

研究英版海图 3480、3365,并将成山角附近的航路点(37°41′.0N,122°54′.0E)转移到海图 3480 上。航线可在成山角转驶航向 151°.5,通过 Husan Cheo 水道,至 Kan Să 岛正横 4.5 n mile 处(34°16′.5N,125°10′.0E)。在海图 3480 上标出并连接上述两航路点即得该航段的航线,并将其转移到海图 3365 上。

③绘制韩国水域的航线。

在英版海图 3365 上,从 Kan să 岛正横 4.5 n mile 处(34°16′.5N,125°10′.0E)取航向 129°,至(33°49′.5N,125°50′.0E),然后转向 090°,从 Cholmyong So 南方两个浅滩中间穿过,直至(33°49′.5N,127°35′.0E)。将上述航线转移到英版海图 3480、127 上。

④绘制日本海水域的航线。

a.绘制津轻海峡内的航线,确定日本海航线的终点。

结合 Japan Pilot(NP41)第 6.4 节所述,研究英版海图 JP10、JP1030,以灯塔 Shrakami Misaki 南 4 n mile 处的一点和灯塔 Shiokubi Misaki 确定东行航线的走向,在此线上截取(41°15′.0N,140°00′.0E)、(41°38′.0N,140°48′.5E)两点,作为该航段的起点和终点,其中前者可以作为日本海航段的终点,而后者位于灯塔 Ōma Saki 方位 NW、距离 7 n mile 处。然后改驶 090°,至(41°38′.0N,142°00′.0E),然后驶至 Erimo Misaki 灯塔正南(41°45′.0N,143°20′.0E),该点即为从 Tsugaru Strait 到 San Francisco 的大圆航线起点。

b.在海区总图上绘制日本海水域的航线。

在总图上以(41°15′.0N,140°00′.0E)为终点作直线,使其另一端在 Tushima 西、Hong Do 以东,航线经过(35°15′.0N,130°00′.0E)。这条航向为 52°.5 线可以作为日本海水域的航线。

在英版海图 127 上,以(35°15′.0N,130°00′.0E)为基准点、航向 52°.5 作线。该线反向延伸至(34°30′.0N,128°48′.0E),该点可以作为日本海航段的起点。

c.将海区总图上的航线转移到航行图上。

在总图上截取一点(38°38′.0N,135°30′.0E),连同该航段的起点(34°30′.0N,128°48′.0E)与终点(35°15′.0N,130°00′.0E),将上述三点转移到英版海图 2347、2293 上,就可以得到航行

图上的航线。

d.与韩国水域航线的连接。

在英版海图 127 上,标绘出(33°49′.5N,127°35′.0E)、(34°30′.0N,128°48′.0E)两点,并用直线连接这两点,就可以将秦皇岛至 Tsugaru Strait(津轻海峡)的航线连接起来。

(3)大洋航线——北太平洋航区的航线选择与设计。

①根据航区抽选相应的大圆海图 5097。

②在大圆海图上确定大圆航线。

a.确定大圆航线的起点(41°45′.0N,143°20′.0E)与终点(38°00′.0N,123°16′.0W)。

大圆航线的起点和终点附近水域应该清爽,并且最好有位置准确的物标可供定位。

研究海图 4053、4511 和 1800 发现,航线离开津轻海峡后抵达 Erimo Misaki(41°56′N,143°14′E)角。此岬角东北方向水域清爽,不影响大圆航线。考虑到既要能观测到陆标,又要与海岸保持一定的距离,大圆航线的起点可以选在(41°45′.0N,143°20′.0E)。

研究海图 2530、229 发现,在接近 San Francisco 港口时,实行分道通航制。以平行于船舶总流向的方向,绘画通航分道中的航线。在航线上确定接近引航站的航路点(37°46′.7N,122°47′.0W),接近通航分道外的航路点(38°00′.0N,123°16′.0W)。航路点(38°00′.0N,123°16′.0W)距离通航分道的端口有一段距离,其西北方向水域比较清爽,不影响航线在此转向,因此可以作为大圆航线的终点。

b.将终点与起点分别标注在大圆海图 5097 上,用直线连接两点,两点之间的连线即为大圆航线。大圆航线连接后,应在大圆海图上概略地检查航线上是否存在碍航物,如果存在,应对航线进行调整,可以调整起点或终点的位置,或者设置限制纬度,改走混合航线。

③对大圆航线进行分段,并将各分点的地理经纬度从大圆海图上读出来:(41°45′.0N,143°20′.0E)、(44°30′.0N,150°00′.0E)、(47°30′.0N,160°00′.0E)、(49°30′.0N,170°00′.0E)、(50°30′.0N,180°00′.0)、(50°30′.0N,170°00′.0W)、(49°45′.0N,160°00′.0W)、(48°00′.0N,150°00′.0W)、(45°30′.0N,140°00′.0W)、(41°30′.0N,130°00′.0W)、(38°00′.0N,123°16′.0W)。

大圆航线分段的原则是:每隔经差 5°~10°,或一天左右的航程作为一个分段。

大圆海图的地理坐标的最小刻度为 1°,在读取经纬度时,整度后的分估读即可。

④将各分点的地理经纬度转移到航用海图上,并用直线连接相邻的分点,便得到折线状的大圆航线。

a.将各分点转移到海区总图海图 4053、4050 上,并用直线连接相邻的分点,得到折线状的大圆航线,可以了解航线的全貌。

b.将各分点转移到海图 4511、4522、4805、4806 上,并用直线连接相邻的分点,得到折线状的大圆航线。标注各航路点的地理位置、量取各分段航线的航向和航程,并标注在航线一侧。

4.编制航行计划

参见下节"编制航线表"。

第三节　编制航线表

一、绘画航线后的主要工作

设计一条航线不只是简单画一条线于海图上,还必须认真做好如下工作:

(1)画妥航线于海图上后,列出起点、各转向点与到达点的地理坐标(经、纬度)。如在沿岸水域限制之处,上述各点的地理坐标除以经、纬度表示外,还应以某目标的方位、距离表示,并以后者为准,前者仅作为核验用。

(2)标出各点间的航向。

(3)标出各点间的计划航程、抵达每点的累计航程与起讫港间的总航程。

(4)列出各点间的计划航行时间,每航段的航行时间与起讫港间的总航行时间。

(5)写明各段航线航行中的安全措施或注意事项。

(6)预绘必要的警戒线于海图上,如避险方位线、避险距离圈与避险等深线。如有必要,可将上述的避险距离圈换算成某目标的避险垂直角或水平夹角。

(7)预绘重要的灯塔、雷达目标与无线电信标的能见、能测距离圈,并在海图上标出无线电信标的频率、呼号等。

(8)预绘重点航区重要航段潮流的流向、标出流速,推算重点航区重要航段、港口的潮时与潮高。因抵达该区的时间在开航前难以预定,因此上述工作可在抵达该区若干小时前完成即可。

(9)选择中途如遭遇强风时的航路与避风锚地。

(10)列出所需航海出版物(如表 5-3-1 所示)。

(11)列出所需海图的图号(如表 5-3-2 所示),并按使用顺序排列放置在海图桌的抽屉内。一张海图因比例尺原因可能被交替使用两次,因此它可有 2 个编号。而对于总图、参考用图、空白图、避风锚地图等可另行排列,放到海图桌的另外抽屉内。

以上 11 项内容,其中第(1)项是根本的,第(2)~(5)项是主要的,第(6)~(11)项是供参考的,将其中第(1)~(5)项内容编制成航线表以供查阅,其格式如表 5-3-3 所示。

表 5-3-1 所需航海出版物

序号 No.	书号 Publication No.	书名 Name of Publication	版本 Edition	备注 Remarks
1				
2				
3				
4				
5				
6				
7				
8				
9				
10				

注:备注栏中可填写航海出版物适用性等简要情况。

表 5-3-2 所需海图

图号 Chart No.	版本 Edition	备注 Remarks	图号 Chart No.	版本 Edition	备注 Remarks

注:备注栏中可填写海图适用性等简要情况。

表 5-3-3 航线表

编号 No.	位置 Position	航向 Course	航程 Distance	累计航程 Total Dis.	剩余航程 Dis. Remained	备注 Remarks

注:总航程减去累计航程等于剩余航程。

备注栏可填写转向点名称、转向目标的方位与距离,或航行安全措施,或注意事项。

二、列出所需航海出版物

例题 5-2:Q 轮,航次最大吃水 8.69 m,计划 2021 年 8 月 6 日 0800 从秦皇岛港港区甲码头出发至旧金山港(San Francisco),请列出所需要的航海出版物。

解析:(1)所需要的航海出版物应包括航线设计过程中需要参阅的所有的图书,如《世界大洋航路》《航路指南》《进港指南》等,还应包括航行中必要的资料如《潮汐表》《灯标与雾号表》等,还应包括用于改正海图及航海出版物的《航海通告》及其他参考资料。

(2)抽选所需要的航海出版物,可借助中版《航海图书目录》与英版《海图及航海出版物目录》进行抽选,航次所需航海出版物有:

中版《航海图书目录》K102(版本 2021 年)、英版《海图及航海出版物目录》NP131(版本 2021 年),并利用这两本书抽选所需要的其他图书资料。

《世界大洋航路》NP136（2）（版本2021年版）、《海员手册》（版本2020年）。

每月《航路设计图》5150（8）（版本2018年2月）、5127（8）（版本2019年3月）。

《中国航路指南》A101（版本2016年）、英版《航路指南》NP32B（版本2019年）、英版《航路指南》NP43（版本2020年）、英版《航路指南》NP41（版本2018年）、英版《航路指南》NP62（版本2020年）、英版《航路指南》NP8（版本2016年）。

《中国港口指南》C103（版本2016年）、英版《进港指南》（版本2021/2022年）。

《中国海区无线电信号表》F101（版本2021年）。

英版《灯标与雾号表》：所需要的英版《灯标与雾号表》为NP85（版本2021年）、NP80（版本2021年）。

英版《无线电信号表》：抽选所需要的英版《无线电信号表》为NP281（2）（版本2021年）、NP282（2）（版本2021年）、NP283（2）（版本2021年）、NP284（版本2009/2010年）、NP285（版本2009年）、NP286（6）（版本2021年）、NP286（5）（版本2021年）。

英版《潮汐表》NP206（版本2021年）。

英版天文出版物：所需要的天文出版物有《航海天文历》NP314（版本2021年），《天体高度方位表》NP401（3）（版本2008年）、NP401（4）（版本2008年）。

《航海通告》开航日期前的所有周版《航海通告》《航海通告年度摘要》NP247（1）&（2）（2021年）、《航海通告累积表》234A/B（2021年）。

（3）将上述所需航海出版物列于表5-3-4中。

表5-3-4　所需航海出版物

序号 No.	书号 Publication No.	书名 Name of Publication	版本 Edition	备注 Remarks
1	K102	中版《航海图书目录》	2021	适用
2	131	英版《海图及航海出版物目录》	2021	适用
3	100	《海员手册》	2020	适用
4	A101	《中国航路指南》	2016	适用
5	32B	英版《航路指南》	2019	适用
6	43	英版《航路指南》	2020	适用
7	41	英版《航路指南》	2018	适用
8	62	英版《航路指南》	2020	适用
9	8	英版《航路指南》	2016	适用
10	C103	《中国港口指南》	2016	适用
11	无	英版《进港指南》	2021/2022	过期
12	85	英版《灯标与雾号表》	2021	过期
13	80	英版《灯标与雾号表》	2021	过期
14	F101	《中国海区无线电信号表》	2021	适用

续表

序号 No.	书号 Publication No.	书名 Name of Publication	版本 Edition	备注 Remarks
15	281(2)	英版《无线电信号表》	2021	适用
16	282(2)	英版《无线电信号表》	2021	适用
17	283(2)	英版《无线电信号表》	2021	适用
18	284	英版《无线电信号表》	2009/2010	适用
19	285	英版《无线电信号表》	2009	缺,需购置
20	286(6)	英版《无线电信号表》	2021	适用
21	286(5)	英版《无线电信号表》	2021	适用
22	206	英版《潮汐表》	2021	适用
23	314	《航海天文历》	2021	适用
24	401(3)	《天体高度方位表》	2008	适用
25	401(4)	《天休高度方位表》	2008	适用
26	无	英版《航海通告》周版	每周	缺,需购置
27	NP234A/B	英版《航海通告累积表》	2021	适用
28	NP247(1)&(2)	英版《航海通告年度摘要》	2021	适用
29				
30				

三、列出所需的海图图号

例题 5-3:Q 轮,航次最大吃水 8.69 m,计划 2021 年 8 月 6 日 0800 从秦皇岛港港区甲码头出发至旧金山港(San Francisco),请列出所需海图。

解析:(1)利用中版《航海图书目录》及英版《海图及航海出版物目录》找出所需要的海图及其现行版本,方法见本书第四章。

(2)所需航用海图如下:

海区总图:中版图 10011(版本 2020 年 12 月);英版图 4053(版本 2020 年 7 月)、4050(版本 2020 年 8 月)。

航行图:11713、11712、11711、11710、11500、11700、11300、11910、11900、12100、3480、3365、127、3666、2347、2293、1800、JP10、JP1030、JP1032、1803、4511、4522、4805、4806、4978、2530、4914、591、588、592(版本略)。

大圆海图:5097(版本 2018 年 8 月)。

每月《航路设计图》:5150(8)(版本 2018 年 2 月)、5127(8)(版本 2019 年 3 月)。

空白定位图:D.6333、D.6334、D.6335、D.6336、D.6337(版本 1961 年 12 月)。

（3）将上述所需航海出版物列于表 5-3-5 中。

表 5-3-5　例题所需航海出版物

图号 Chart No.	版本 Edition	备注 Remarks	图号 Chart No.	版本 Edition	备注 Remarks
10011	2000.08	过期	4522	2016.02	适用
4053	2020.07	适用	4805	2020.09	适用
4050	2020.08	适用	4806	2015.12	适用
11713	2017.09	适用	4978	2016.01	适用
11712	2020	适用	2530	2017.02	适用
11711	2019.02	适用	4914	2015.06	适用
11710	2019.10	适用	591	2019.06	适用
11500	2019	适用	588	2019.06	需购置
11700	2020.07	适用	592	2012.11	适用
11300	2020.08	适用	5097	2018.08	适用
11910	2018.04	适用	5150（8）	2018.02	需购置
11900	2020.07	适用	5127（8）	2019.03	需购置
12100	2020.12	适用	D.6333	1961.12	适用
3480	2021.05	适用	D.6334	1961.12	适用
3365	2021.06	适用	D.6335	1961.12	适用
127	2019.03	需购置	D.6336	1961.12	适用
3666	2016.05	过期	D.6337	1961.12	适用
2347	2021.04	适用			
2293	2021.02	适用			
1800	2017.02	适用			
JP10	2018.05	适用			
JP1030	2017.12	适用			
JP1032	2011.09	适用			
1803	2017.02	过期			
4511	2020.07	适用			

四、编制航线表

例题 5-4：Q 轮，航次最大吃水 8.69 m，计划 2021 年 8 月 6 日 0800 从秦皇岛港港区甲码头出发至旧金山港(San Francisco),设计航线,并绘画航线表。

解析:(1)设计航线,内容见上一节。

(2)列出航线表,如表5-3-6所示。

表 5-3-6　航线表

编号 No.	位置 Position	航向 Course (°)	航程 Distance (′)	累计航程 Total Dis. (′)	剩余航程 Dis. Remained (′)	预计转向时间 Estimated Time to A/C	备注 Remarks
01	泊位	不定	7.8			060800	港内航行
02	39°48′.0N,119°40′.6E			0	5 579.7	060859	定速
		143	95.2				
03	38°32′.5N,120°55′.0E			95.2	5 484.5	061456	北城隍灯塔北 8 n mile
		119	107.2				
04	37°41′.0N,122°54′.0E			202.4	5 377.3	062138	成山角灯塔正横 20 n mile
		152	232.5				
05	34°16′.5N,125°10′.0E			434.9	5 144.8	071209	Kan să 岛正横 4.5 n mile
		129	42.9				
06	33°49′.5N,125°50′.0E			477.8	5 101.9	071450	
		090	87.2				
07	33°49′.5N,127°35′.0E			565.0	5 014.7	072117	东 9,拨快 1 h
		056	73.0				
08	34°30′.0N,128°48′.0E			638.0	4 941.7	080151	
		053	668.6				
09	41°15′.0N,140°00′.0E			1 306.6	4 273.1	091938	
		057	43.1				
10	41°38′.0N,140°48′.5E			1 349.7	4 230.0	092220	Ōma Saki 西北 7 n mile 处
		090	53.5				
11	41°38′.0N,142°00′.0E			1 403.2	4 176.5	100141	
		083	60.0				
12	41°45′.0N,143°20′.0E			1 463.2	4 116.5	100626	东 10,拨快 1 h
		061	336				
13	44°30′.0N,150°00′.0E			1 799.2	3 780.5	110326	东 10
		066	455				
14	47°30′.0N,160°00′.0E			2 254.2	3 325.5	120852	东 11,拨快 1 h
		073	416				
15	49°30′.0N,170°00′.0E			2 670.2	2 909.5	131052	东 11
		081	391				
16	50°30′.0N,180°00′.0			3 061.2	2 518.5	141218	东 12,拨快 1 h
		090	382				
17	50°30′.0N,170°00′.0W			3 443.2	2 136.5	141311	减 1 天,西 11,拨快 1 h
		097	388				
18	49°45′.0N,160°00′.0W			3 831.2	1 748.5	151326	西 11
		104	409				
19	48°00′.0N,150°00′.0W			4 240.0	1 339.5	161559	西 10,拨快 1 h
		110	439				
20	45°30′.0N,140°00′.0W			4 679.2	900.5	172026	西 9,拨快 1 h
		119	498				
21	41°30′.0N,130°00′.0W			5 177.2	402.5	190333	西 9
		124	376				
22	38°00′.0N,123°16′.0W			5 553.2	26.5	200403	西 8,拨快 1 h
		120	26.5				
23	37°46′.7N,122°47′.0W			5 579.7	0	200642	西 7(夏令时),拨快 1 h
24							

思考与练习

一、沿海航线设计

1.天津—青岛

某船050航次,出发港为天津;目的港为青岛;载货20 000 t;离港时最大吃水为9.50 m;预计2021年8月8日0800从泊位离开。请根据航次情况完成以下两个任务。

附:某船基本资料

船名 M/V:	××	船舶种类:	杂货船
L.O.A(m):	182.84	BREADTH(m):	28.0
DEPTH(m):	14.0	GROSS TONNAGE:	19 208
建造年份:	2015	SEA SPEED(kn):	20.0
F.O/D.O CON.:	25(t)	船旗:	CHINA

(1)设计、绘画航线,并做适当标注。(要求:仅绘画总图)

(2)编制航线表。

要求:把所画的内容作为一条完整航线,按以下格式完成航线表。

编号 No.	位置 Position	航向 Course	航程 Distance	累计航程 Total Dis.	剩余航程 Dis. Remained	备注 Remarks

2.青岛—上海

某船 050 航次,出发港为青岛;目的港为上海;载货 20 000 t;离港时最大吃水为 9.50 m;预计 2021 年 8 月 8 日 0800 从泊位离开。请根据航次情况完成以下两个任务。

附:某船基本资料

船名 M/V:	××	船舶种类:	杂货船
L.O.A(m):	182.84	BREADTH(m):	28.0
DEPTH(m):	14.0	GROSS TONNAGE:	19 208
建造年份:	2015	SEA SPEED(kn):	20.0
F.O/D.O CON.:	25(t)	船旗:	CHINA

(1)设计、绘画航线,并做适当标注。(要求:仅绘画总图)

(2)编制航线表。

要求:把所画的内容作为一条完整航线,按以下格式完成航线表。

编号 No.	位置 Position	航向 Course	航程 Distance	累计航程 Total Dis.	剩余航程 Dis. Remained	备注 Remarks

二、远洋航线设计

1.日本函馆—加拿大温哥华

某船 050 航次,出发港为日本函馆(Hakodate);目的港为加拿大温哥华(Vancouver);载货 20 000 t;离港时最大吃水为 9.50 m;预计 2021 年 8 月 8 日 0800 从泊位离开。请根据航次情况完成以下两个任务。

附:某船基本资料

船名 M/V:	××	船舶种类:	杂货船
L.O.A(m):	182.84	BREADTH(m):	28.0
DEPTH(m):	14.0	GROSS TONNAGE:	19 208
建造年份:	2015	SEA SPEED(kn):	20.0
F.O/D.O CON.:	25(t)	船旗:	CHINA

(1)设计、绘画航线,并做适当标注。

要求:由函馆引航站(41°46′.5N,140°41′.0E),开始,画至经度 130°W。

(2)编制航线表

要求:把所画的内容作为一条完整航线,按以下格式完成航线表。

编号 No.	位置 Position	航向 Course	航程 Distance	累计航程 Total Dis.	剩余航程 Dis. Remained	备注 Remarks

2.日本横滨—美国旧金山

某船 050 航次,出发港为日本横滨;目的港为美国旧金山;载货 15 000 t;离港时最大吃水为9.50 m;预计 2021 年 8 月 8 日 0800 从泊位离开。请根据航次情况完成以下两个任务。

附:某船基本资料

船名 M/V:	××	船舶种类:	杂货船
L.O.A(m):	182.84	BREADTH(m):	28.0
DEPTH(m):	14.0	GROSS TONNAGE:	19 208
建造年份:	2015	SEA SPEED(kn):	20.0
F.O/D.O CON.:	25(t)	船旗:	CHINA

（1）设计、绘画航线，并做适当标注。（要求：仅绘画总图）

（2）编制航线表。

要求：把所画的内容作为一条完整航线，按以下格式完成航线表。

编号 No.	位置 Position	航向 Course	航程 Distance	累计航程 Total Dis.	剩余航程 Dis. Remained	备注 Remarks

3.香港—新加坡港

某船 050 航次，出发港为香港；目的港为新加坡港；载货 20 000 t；离港时最大吃水为 9.50 m；预计 2021 年 8 月 8 日 0800 从泊位离开。请根据航次情况完成以下两个任务。

附:某船基本资料

船名 M/V:	××	船舶种类:	杂货船
L.O.A(m):	182.84	BREADTH(m):	28.0
DEPTH(m):	14.0	GROSS TONNAGE:	19 208
建造年份:	2015	SEA SPEED(kn):	20.0
F.O/D.O CON.:	25(t)	船旗:	CHINA

（1）设计、绘画航线，并做适当标注。（要求：仅绘画总图）

（2）编制航线表。

要求:把所画的内容作为一条完整航线,按以下格式完成航线表。

编号 No.	位置 Position	航向 Course	航程 Distance	累计航程 Total Dis.	剩余航程 Dis. Remained	备注 Remarks

4.新加坡—也门亚丁

某船 050 航次,出发港为新加坡为目的港:也门亚丁;载货 20 000 t;离港时最大吃水为 9.50 m;预计 2021 年 8 月 8 日 0800 从泊位离开。请根据航次情况完成以下两个任务。

附:某船基本资料

船名 M/V:	××	船舶种类:	杂货船
L.O.A(m):	182.84	BREADTH(m):	28.0
DEPTH(m):	14.0	GROSS TONNAGE:	19 208
建造年份:	2015	SEA SPEED(kn):	20.0
F.O/D.O CON.:	25(t)	船旗:	CHINA

(1)设计、绘画航线,并做适当标注。(要求:仅绘画总图)

(2)编制航线表。

要求:把所画的内容作为一条完整航线,按以下格式完成航线表。

编号 No.	位置 Position	航向 Course	航程 Distance	累计航程 Total Dis.	剩余航程 Dis. Remained	备注 Remarks

航线设计模拟测试

模拟测试(一)

一、海图及图书资料改正

1.识别下列英版海图图式表示的意义(可利用英版海图 5011)。

(1) ⌗ 表示_____。

(2) ⬤ Obstn 表示_____。

2.利用 2021 年第 13 期英版《航海通告》查阅海图 2611 改正信息。

海图 2611 改正信息在_____页。

3.利用 2021 年第 13 期英版《航海通告》查阅英版《航路指南》第 34 卷的改正信息。

英版《航路指南》第 34 卷改正信息在_____页。

4.利用 2023 年第 35 期英版《航海通告》改正船存海图。

附:本船图号表

图号	版本日期	新版日期
JP100	—	—
INT908	—	—
4978	—	—
其他略(不改正)	—	—

根据 2023 年第 35 期英版《航海通告》,需要改正的海图有_____,改正内

容为_____。

_____请在海图上完成海图改正。

二、抽选海图及图书资料

基本资料:某船 050 航次,出发港为日本函馆(Hakodate);目的港为加拿大温哥华(Vancouver);载货 20 000 t;离港时最大吃水 9.50 m;预计 2021 年 8 月 8 日 0800 从泊位离开。请拟定一条合理的航线,并完成以下各题。

附:某船基本资料

船名 M/V:	××	船舶种类:	杂货船
L.O.A(m):	182.84	BREADTH(m):	28.0
DEPTH(m):	14.0	GROSS TONNAGE:	19 208
建造年份:	2015	SEA SPEED(kn):	20.0
F.O/D.O CON.:	25(t)	船旗:	CHINA

1.抽选航次所需英版总图及大、中比例尺海图,将图号填入下表。

2.检验所抽选总图的适用性,将总图版本日期及适用性填入下表。

图号 Chart No.	版本 Edition	备注 Remarks	图号 Chart No.	版本 Edition	备注 Remarks

3.抽选航次所需的英版《灯标与雾号表》,将书号和书名填入下表。

4.检查所选英版《灯标与雾号表》的适用性,将其版本年份及适用性填入下表。

书号 Publication No.	书名 Name of Publication	版本年份 Year of Publication	备注 Remarks

三、查阅航海图书资料

1. 利用《世界大洋航路》查找函馆（Hakodate）到温哥华（Vancouver）的推荐航线。

函馆（Hakodate）到温哥华（Vancouver）的推荐航线在书中_____页。

2. 利用所选英版《灯标与雾号表》，查阅 Erimo Misaki（日本附近）灯塔的详细资料。

Erimo Misaki 灯塔的详细资料在书中_____页。

四、绘画航线、编制航线表

根据第二题基本资料完成以下各题。

1. 设计恒向线航线并做适当标注。（画至经度 130°W 即可）

2. 根据所画航线编制航线表。

要求：把所画的内容作为一条完整航线，完成以下航线表。

编号 No.	位置 Position	航向 Course	航程 Distance	累计航程 Total Dis.	剩余航程 Dis. Remained	备注 Remarks

五、航迹绘算

【海图 15100】"瑞雪"轮于 2021 年 3 月 1 日 0800 位于表角(好望角)灯塔正南 7′,计程仪读数 $L=010′.0$,计程仪改正率 $\Delta L=0\%$,计划航向 $CA210°$,陀螺差 $\Delta G=1°E$,当时海面西北风,东流,根据当时风流情况,决定走 $GC214°$。0830 计程仪读数 $L=018′.5$,GPS 船位 $\varphi22°59′.0N$,$\lambda116°44′.2E$,定位后,决定由 GPS 船位出发,继续走 $CA210°$。请在海图上完成航迹绘算,并完成以下各题。

1.0800 的观测船位的经纬度为＿＿＿＿＿＿＿＿＿＿＿＿＿＿。

2.实测风流压差 γ 为＿＿＿＿＿＿＿＿＿;0830 后应驶陀螺航向为＿＿＿＿＿＿＿＿＿＿＿。

3.0830 后北炮台角灯塔最近时的船位的经纬度为＿＿＿＿＿＿＿＿＿＿＿。

模拟测试(二)

一、海图及图书资料改正

1.识别下列英版海图图式表示的意义(可利用英版海图 5011)。

(1) ⊙ Racon(K) 表示＿＿＿＿＿＿＿＿＿＿＿＿。

(2) 〰 表示＿＿＿＿＿＿＿＿＿＿＿。

2.利用 2021 年第 13 期英版《航海通告》查阅海图 AUS151 改正信息。

海图 AUS151 改正信息在＿＿＿＿＿＿＿＿＿＿＿＿页。

3.利用 2021 年第 13 期英版《航海通告》查阅英版《灯标与雾号表》第 78 卷(Vol. E)的改正信息。

英版《灯标与雾号表》第 78 卷(Vol. E)的改正信息在＿＿＿＿＿＿＿＿＿＿＿＿页。

4.利用 2021 年第 13 期英版《航海通告》改正船存海图。

附:本船图号表

图号	版本日期	新版日期
JP100	—	—
INT908	—	—
2578	—	—
其他略(不改正)	—	—

根据 2021 年第 13 期英版《航海通告》,需要改正的海图有＿＿＿＿＿＿＿＿＿＿＿＿＿＿,改正内容为＿＿＿。请在海图上完成海图改正。

二、抽选海图及图书资料

基本资料:某船 050 航次,出发港为美国旧金山;目的港为日本横滨;载货 20 000 t;离港时最大吃水 9.50 m;预计 2021 年 8 月 8 日 0800 从泊位离开。请拟定一条合理的航线,并完成以下各题。

附:某船基本资料

船名 M/V:	××	船舶种类:	杂货船
L.O.A(m):	182.84	BREADTH(m):	28.0
DEPTH(m):	14.0	GROSS TONNAGE:	19 208
建造年份:	2015	SEA SPEED(kn):	20.0
F.O/D.O CON.:	25(t)	船旗:	CHINA

1.抽选航次所需英版总图及大、中比例尺海图,将图号填入下表。

2.检验所抽选总图的适用性,将总图版本日期及适用性填入下表。

图号 Chart No.	版本 Edition	备注 Remarks	图号 Chart No.	版本 Edition	备注 Remarks

3.抽选航次所需的英版《灯标与雾号表》,将书号和书名填入下表。

4.检查所选英版《灯标与雾号表》的适用性,将其版本年份及适用性填入下表。

书号 Publication No.	书名 Name of Publication	版本年份 Year of Publication	备注 Remarks

三、查阅航海图书资料

1.利用《世界大洋航路》查找美国旧金山到日本横滨的推荐航线。

美国旧金山到日本横滨的推荐航线在书中_____页。

2.利用所选英版《灯标与雾号表》,查阅 Suno-Saki(韩国附近)灯标的详细资料。

Suno-Saki 灯标的详细资料在书中_____页。

四、绘画航线、编制航线表

根据第二题基本资料完成以下各题。

1.设计大圆航线并做适当标注。

要求:只画一段,只画到总图第五个转向点,大、中比例尺海图不画。

2.根据所画航线编制航线表

要求:把所画的内容作为一条完整航线,完成以下航线表。

编号 No.	位置 Position	航向 Course	航程 Distance	累计航程 Total Dis.	剩余航程 Dis. Remained	备注 Remarks

五、航迹绘算

【图 12300】"瑞雪"轮于 2021 年 3 月 3 日 1200 位于苏山岛灯塔正南 6′,当时计程仪读数 L =100′.0,计程仪改正率 ΔL = 0%,计划航向 $CA255°$,陀罗差 ΔG = 1°E,当时海面有北风、西南流,考虑当时风流情况,决定走 $GC259°$。1230 L = 107′.5,GPS 船位 $\varphi36°36′.0N$,$\lambda122°04′.9E$,定位后,决定由 GPS 船位出发,继续走 $CA255°$。请在海图上完成航迹绘算,并完成以下各题。

1. 1200 的观测船位的经纬度为_____。
2. 实测风流压差 γ 为_____;1230 后应驶陀罗航向为_____。
3. 1230 后汇岛灯桩最近时的船位的经纬度为_____。

模拟测试(三)

一、海图及图书资料改正

1. 识别下列中版海图图式表示的意义(可利用《中国海图符号识别指南》)。

(1) _____船表示_____。

(2) _____。

2. 利用 2008 年第 1 期中版《航海通告》查阅 11961 海图上一次小改正的通告号。

11961 海图上一次小改正的通告号为_____。

3. 利用 2008 年第 1 期中版《航海通告》查阅《航标表》G101 的改正信息。

《航标表》G101 的改正信息在_____页。

4. 利用 2008 年第 1 期中版《航海通告》改正船存海图。

附:本船图号表

图号	出版日期	新版日期
11961	—	—
12000	—	—
13000	—	—
其他略(不改正)	—	—

根据 2008 年第 1 期中版《航海通告》,需要改正的海图有_____,改正内容为_____。请在海图上完成海图改正。

二、抽选海图及图书资料

基本资料:某船 058 航次,出发港为秦皇岛;目的港为青岛;载货 10 000 t;离港时最大吃水 7.50 m;预计 2021 年 3 月 05 日 0800 离开。请拟定一条合理的航线,并完成以下各题。

附:某船基本资料

船名 M/V:	××	船舶种类:	杂货船
L.O.A(m):	112.84	BREADTH(m):	20.0
DEPTH(m):	8.0	GROSS TONNAGE:	9 208
建造年份	2015	SEA SPEED(kn):	15
F.O/D.O CON.:	15(t)	船旗:	CHINA

1.抽选航次所需中版总图及大、中比例尺海图,将图号填入下表。

2.检验所抽选总图的适用性,将总图出版年月及适用性填入下表。

图号 Chart No.	版本 Edition	备注 Remarks	图号 Chart No.	版本 Edition	备注 Remarks

3.抽选航次所需的《航标表》,将书号和书名填入下表。

4.检查所选英版《航标表》的适用性,将其出版年份及适用性填入下表。

书号 Publication No.	书名 Name of Publication	版本年份 Year of Publication	备注 Remarks

三、查阅航海图书资料

1.利用《中国航路指南》查找青岛至大连的推荐航线。

青岛至大连的推荐航线在书中＿＿＿＿＿＿＿＿＿＿＿＿＿＿＿页。

2.利用所选《航标表》,查阅千里岩灯塔的详细资料。

千里岩灯塔的详细资料在书中＿＿＿＿＿＿＿＿＿＿＿＿＿＿页。

四、绘画航线、编制航线表

根据第二题资料完成以下各题。

1.设计航线并做适当标注。

要求:总图画到莫邪岛附近,其他部分及航行图不画,并在航线上做适当的标注。

2.根据所画航线编制航线表

要求:把所画的内容作为一条完整航线,完成以下航线表。

编号 No.	位置 Position	航向 Course	航程 Distance	累计航程 Total Dis.	剩余航程 Dis. Remained	备注 Remarks

五、航迹绘算

【海图 15100】"瑞雪"轮于 2021 年 3 月 1 日 0800 位于表角(好望角)灯塔正南 7′,计程仪读数 $L=010′.0$,计程仪改正率 $\Delta L=0\%$,计划航向 $CA210°$,陀螺差 $\Delta G=1°E$,当时海面西北风,东流,根据当时风流情况,决定走 $GC214°$。0830 计程仪读数 $L=018′.5$,GPS 船位 $\varphi22°59′.0N$, $\lambda116°44′.2E$,定位后,决定由 GPS 船位出发,继续走 $CA210°$。请在海图上完成航迹绘算,并完成以下各题。

1.0800 的观测船位的经纬度为＿＿＿＿＿＿＿＿＿＿＿＿。

2.实测风流压差 γ 为＿＿＿＿＿＿＿＿；0830 后应驶陀罗航向为＿＿＿＿＿＿＿＿＿＿。

3.0830 后北炮台角灯塔最近时的船位的经纬度为＿＿＿＿＿＿＿＿＿＿＿＿。

参考文献

［1］中华人民共和国海事局. 海船船员考试大纲（2022 版）. 大连：大连海事大学出版社，2022.

［2］中华人民共和国海事局. 中华人民共和国海船船员适任评估规范. 大连：大连海事大学出版社，2012.

［3］郭禹. 航海学. 大连：大连海事大学出版社，2005.

［4］高玉德. 航海学. 3 版. 大连：大连海事大学出版社，2012.

［5］郑建佳，龚安祥. 电子海图显示与信息系统. 大连：大连海事大学出版社，2019.

［6］寇连坡，李文芳. 海船船员适任评估教程. 大连：大连海事大学出版社，2009.

［7］王越，贺国峰，陈金福. 航海学：天文、地文、仪器（船长/大副）. 大连：大连海事大学出版社，2021.